어린이를 위한
철학의 쓸모

子どもテツガク

© Hitoshi Ogawa 2021
Originally published in Japan by Shufunotomo Co., Ltd.
Korean translation rights arranged with Shufunotomo Co., Ltd through AMO AGENCY.
Korean translation copyright © Gilbutschool 2023

이 책의 한국어판 저작권은 AMO 에이전시를 통한 저작권사와 독점 계약한 길벗스쿨에 있습니다.
저작권법에 의해 한국 내에서 보호를 받는 저작물이므로 무단전재와 무단복제를 금합니다.

당당한 질문으로
단단한 나를 만드는
86가지 생각 도구

어린이를 위한
철학의 쓸모

오가와 히토시 글 | 하야시 유미 그림
고향옥 옮김 | 서정욱 감수

어른들께

지금 왜 철학인가

철학이란

깊이 생각하기 위한 방법

깊이 생각하는 힘으로 어떤 일도 극복해 나간다!

⬇

어릴 때부터

습관화하는 것이 중요

⬇

바로 지금 힘을 길러야!

어른들이 우리 아이들만 할 때는 암기 중심의 공부법이 인기가 높았습니다. 깊이 생각할 필요 없이 통째로 외우기만 하면 좋은 점수를 받을 수 있었으니까요. 정답이 확실한 시대에 학교를 졸업하고 사회에 나가서도 큰 문제없이 살아갈 수 있었지요.

하지만 요즘처럼 불확실한 시대에도 그런 공부법이 통할까요? 어제까지 확실하다고 믿었던 것이 오늘은 완전히 달라질 수도 있습니다. 현재는 교과서나 매뉴얼에 나오지 않는 문제에 맞닥뜨렸을 때, 자신의 힘으로 대응하고 스스로 답을 이끌어 내야 하는 시대입니다. 우리 아이들이 새로운 생각을 하기 어렵다면, 앞으로 삶에 많은 걸림돌이 남을 것입니다.

문제에 맞서고, 또 그 문제를 해결하는 힘을 기르기 위해서는 '의심하는 힘'이 있어야 합니다. 어떤 문제든 답이 하나만 있지는 않습니다. 문제를 있는 그대로 받아들이지 말고, 그 안에 감춰진 모습과 다른 부분에 무엇이 있는지 생각해 보는 것이 중요합니다. 그것이 바로 철학의 '깊이 생각하는 힘'입니다.

'깊이 생각하는 힘'을 어른이 된 후에 기르기는 쉽지 않습니다. 초등학생 때부터 습관을 들이는 것이 중요하지요.

지금 철학을 하면

여기를 먼저 읽어 주세요

답보다 질문이 더 중요하다고?

여러분은 생각하는 걸 좋아하나요? 싫다고요? 그래도 괜찮아요. 철학을 배우면 달라질 테니까요. 맞아요, 좀 별나게 생긴 이 책은 철학 책입니다. 철학이 여느 학문과 다른 부분은 답보다 질문을 더욱 중요하게 여긴다는 점이에요.

그래서 이 책에서는 86개나 되는 질문을 마련해 봤지요. 각 질문에 대해 나름의 답도 준비했지만, 되도록 여러분이 스스로 고민하여 질문을 파고들도록 만들었답니다. 어쩌면 이 책은 질문으로 시작해서 질문으로 끝나는 것처럼 보일 수도 있어요.

어떤 문제에도 언제나 반드시 옳은 답은 있을 수 없기 때문에 질문에 질문을 파고들어야 해요. 우리가 질문을 마주할 때마다 그때그때 가장 좋다고 생각하는 답을

낼 뿐이죠. 상황이 바뀌면 답도 바뀔 수 있어요. 그러니 언제 어디서든 생각하기를 게을리해선 안 됩니다.

그래요, 따져 묻는 것은 사람들이 생각하게끔 만들기 때문에 중요합니다. 생각하도록 도와주는 게 철학의 역할이고요. 결국 철학은 생각하는 학문이기 때문에 철학적인 질문에 대해 답을 가르쳐 줘도 의미가 없는 거지요. 답보다 질문이 더 중요하다는 것은 바로 그런 의미랍니다.

우리는 상대방 역시 생각하게끔 질문을 던져야 해요. 소크라테스는 그렇게 철학을 시작했어요. 아, 소크라테스는 고대 그리스 철학의 아버지라고 불리는 사람이에요.

질문을 던지고 생각하는 것이 진정한 철학입니다. 여러분도 이 책을 통해서 꼭 진정한 철학을 하기 바랍니다. 이 책의 마지막 장을 덮었을 때, 여러분은 분명 질문하고 깊이 생각하는 사람이 되어 있을 거예요.

오가와 히토시

이 책의 사용법은 16쪽에!

> 추천의 말

생각하는 힘을 키우는 강력한 도구

여러분은 철학이란 말을 들으면 무엇이 먼저 생각나나요? 그렇습니다. 바로 논리적이란 말입니다. 그리고 논리적이란 말은 딱딱하기 때문에 상대하기 싫다는 생각이 먼저 듭니다. 하지만 철학에 대한 이런 생각을 무너뜨린 책 한 권이 나왔더군요. 바로 『어린이를 위한 철학의 쓸모』입니다. 이 책의 저자 오가와 히토시는 철학이란 생각을 하게 하는 공부이기 때문에 어릴 때부터 철학 하는 습관을 가져야 한다고 주장합니다.

오가와 히토시는 이 책 속에서 철학자의 사상이나 이론을 알려주지 않습니다. 오히려 어린이가 일상생활을 하면서 자주 묻는 질문들에 대해서 얘기합니다. 그리고 질문하는 방법과 답을 찾아가는 생각이 곧 철학이라 봅니다. 사실 이런 질문과 답이 철학의 중요성이며 철학과 익숙해지는 방법입니다.

어린이는 많은 것에 의문을 품습니다. 그 의문을 풀기 위해 질문하고요. 이렇게 어린이는 질문에 질문을 이어 갑니다. 이것이 바로 깊이 생각하기 위한 훈련이고, 이 훈련이 철학의 역할이라고 강조합니다. 이 책의 저자는 어린이가 '철학을 한다'는 것은 바로 논리적으로 '생각하는 힘을 기르는 것' 혹은 '논리적 사고 훈련의 도구'라고 봅니다. 어린이들에게 철학이 필요한 이유도 이것 때문이죠. 생각하는 힘을 기르는 도구인 철학을 앎으로써 생활에 더 유용하게 사용할 수 있을 테니까요.

이 책을 읽고 나면 여러분은 강력한 도구를 머릿속에 가져가게 됩니다. 그 도구가 여러분 앞에 놓일 여러 걸림돌을 해결해 줄 테니 설레는 마음으로 책장을 넘겨 보시기 바랍니다.

배재대학교 명예교수 철학박사 서정욱

차례

- 지금 왜 철학인가 ······ 4
- 답보다 질문이 더 중요하다고? ······ 6
- 추천의 말 ······ 8
- 이 책의 사용법 ······ 16
- 어른과 어린이를 위한 대화 활용법 ······ 18
- 철학 하는 친구들 ······ 22

1단계 철학이 뭘까? (철학의 첫걸음)

좋아한다는 게 뭐예요? ······ 24
싫어한다는 건 뭐예요? ······ 28
왜 사람을 괴롭혀요? ······ 32
왜 누구는 부유하고, 왜 누구는 가난해요? ······ 36
생각한다는 게 뭐예요? ······ 40
당연하다는 건 뭐예요? ······ 44
의심하는 건 쉽나요, 어렵나요? ······ 48
세계가 뭐예요? ······ 52
책을 읽는다는 건 뭐예요? ······ 56
말이 뭐예요? ······ 60
철학이 뭐예요? ······ 64
철학으로 키우는 여러 가지 힘 ······ 68

2단계 소소한 행복 ♡
(철학을 하면 좋은 일이 생길지도 몰라)

소풍 전날에는 왜 잠이 안 올까요? ······ 70

즐겁다는 게 뭐예요? ······ 74

맛있다는 게 뭐예요? ······ 78

맑은 날에는 왜 기분이 좋아요? ······ 82

비 오는 날에는 왜 심심해요? ······ 86

왜 산이나 바다에 가고 싶을까요? ······ 90

바람 부는 날에는 왜 기분이 좋아요? ······ 94

왜 공부보다 노는 게 더 좋아요? ······ 98

누군가와 같이 있으면 왜 기뻐요? ······ 102

왜 혼자 있을 때 마음이 편해져요? ······ 106

철학을 하면 인기가 많아질까요? ······ 110

철학을 하면 부자가 될 수 있어요? ······ 114

왜 기쁘면 춤추고 싶을까요? ······ 118

왜 다들 유튜버가 되고 싶어 해요? ······ 122

행복이 뭐예요? ······ 126

위대한 철학자의 괴짜 전설 1
소크라테스 ······ 130

3단계 좌절을 겪었을 때
(철학으로 씩씩해지다)

기운이 뭐예요? ······ 134
의기소침하다는 게 뭐예요? ······ 138
왜 눈물이 나와요? ······ 142
왜 일희일비해요? ······ 146
자고 나면 나쁜 일을 잊어버려요? ······ 150
시간이 해결해 준다는 게 무슨 말이에요? ······ 154
왜 욕을 해요? ······ 158
상처받는다는 게 뭐예요? ······ 162
야단맞은 날엔 어떻게 하면 좋아요? ······ 166
어떨 때 실망해요? ······ 170
기분은 왜 매일 달라져요? ······ 174
아무것도 하고 싶지 않을 때는 어떻게 하면 좋아요? ······ 178
웃으면 기분이 좋아져요? ······ 182
철학자는 마음을 구원해 주나요? ······ 186
철학자는 움츠러들지 않아요? ······ 190

위대한 철학자의 괴짜 전설 2
임마누엘 칸트 ······ 194

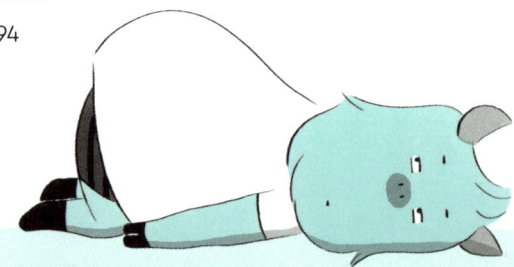

4단계 철학을 하면 머리가 좋아진다?
(공부와 일에 도움되는 이야기)

정말 머리가 좋아져요? …… 198
공부를 꼭 해야 해요? …… 202
어떻게 해야 흥미가 생길까요? …… 206
인공지능(AI)이 무서워요? …… 210
계산이 뭐예요? …… 214
일은 힘들어요? …… 218
인간관계가 뭐예요? …… 222
의사소통 능력이 뭐예요? …… 226
도덕이 뭐예요? …… 230
올바른 게 뭐예요? …… 234
꼭 성공해야 해요? …… 238
미래에는 어떤 능력이 필요해요? …… 242
앞으로 하고 싶은 일이 뭐예요? …… 246
철학자는 말을 잘해요? …… 250
철학자는 모두 머리가 좋아요? …… 254

위대한 철학자의 괴짜 전설 3
루트비히 비트겐슈타인 …… 258

5단계 위기가 닥쳤어! 어쩌지?
(철학으로 해결하자)

실패했을 땐 어떻게 하면 좋아요? ······· 262

위기는 기회라는 말이 사실이에요? ······· 266

왜 똑같은 실수를 할까요? ······· 270

다 틀렸다니요? ······· 274

위기가 많을수록 인생에 도움이 된다고요? ······· 278

위기를 극복한다는 게 뭐예요? ······· 282

포기하는 것도 중요하다고요? ······· 286

대타가 뭐 하는 사람이에요? ······· 290

심장은 왜 벌렁벌렁해요? ······· 294

영웅은 왜 언제나 늦게 나타나요? ······· 298

마지막에 도와주는 사람은 누군가요? ······· 302

교훈이 뭐예요? ······· 306

실수에도 법칙이 있나요? ······· 310

인생에는 산도 있고, 계곡도 있나요? ······· 314

철학자도 위기를 맞아요? ······· 318

위대한 철학자의 괴짜 전설 4
장 폴 사르트르 ······· 322

6단계 철학으로 매일 기분 좋게!
(철학을 알맞게 이용하자)

열심히 한다는 게 뭐예요? ······ 326

지금을 산다는 게 무슨 말이에요? ······ 330

매일이 뭐예요? ······ 334

알맞은 게 뭐예요? ······ 338

부러울 때는 어떻게 해요? ······ 342

분할 때는 어떻게 해요? ······ 346

슬플 때는 어떻게 해요? ······ 350

화가 날 때는 어떻게 해요? ······ 354

마음이 지칠 때는 어떻게 해요? ······ 358

심심할 때는 어떻게 해요? ······ 362

성장한다는 게 뭐예요? ······ 366

어른이 된다는 게 뭐예요? ······ 379

인생을 즐기고 싶어요? ······ 374

철학으로 하루하루를 살아간다고요? ······ 378

철학에 끝이 있어요? ······ 382

- 마치며 ······ 386

이 책의 사용법

이 책에는 86개 질문이 있습니다. 그 질문들에 여러분이 나름대로 답을 생각해 보세요.
철학은 정해진 답을 맞추는 것보다 여러분 스스로 답을 생각해 나가는 과정이 중요합니다.

【네 쪽에 질문 하나】

앞의 두 쪽에는 질문과 생각을 돕는 힌트가 있습니다. 다음 두 쪽은 답을 대신하는 생각을 정리했습니다.

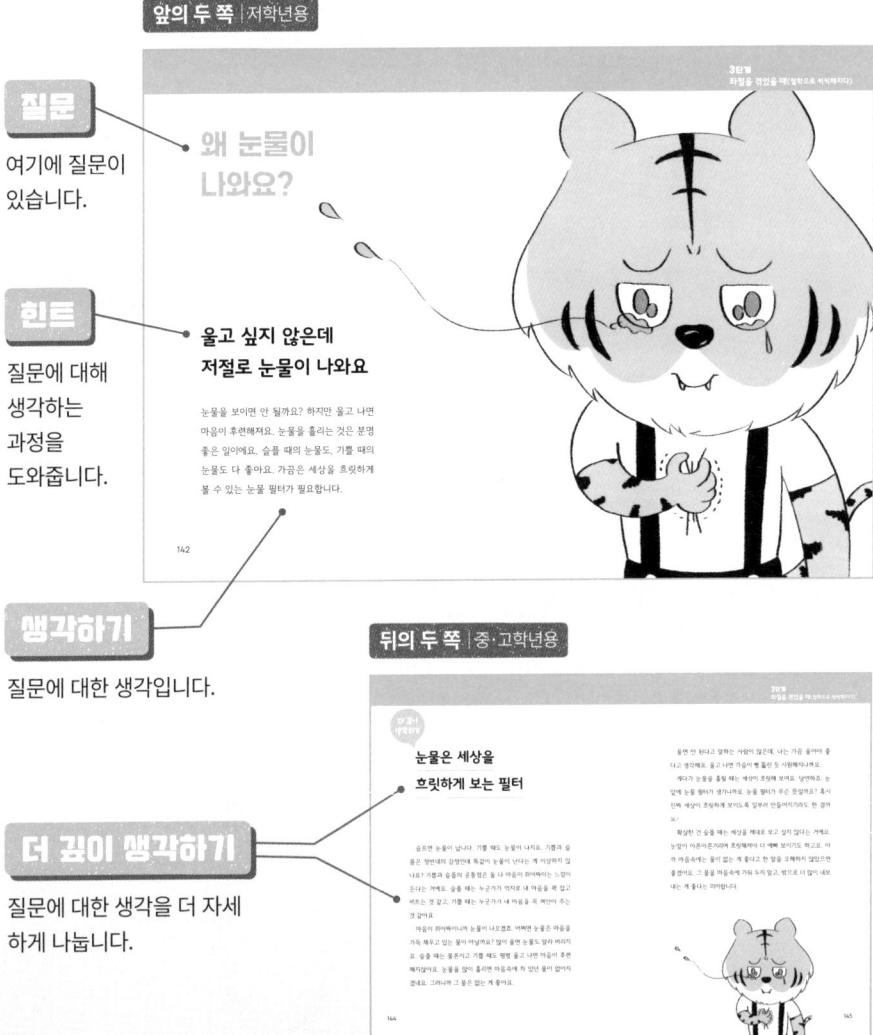

질문
여기에 질문이 있습니다.

힌트
질문에 대해 생각하는 과정을 도와줍니다.

생각하기
질문에 대한 생각입니다.

더 깊이 생각하기
질문에 대한 생각을 더 자세하게 나눕니다.

나와 함께 철학을 시작할 여러분에게

철학은 깊이 생각하는 과정을 배우지요. 철학이 여러분의 미래를 바꿀 거예요. 그러니 어렵다거나 귀찮다고 생각하지 말고 도전해 보세요.

★ 어려운 말이 나오면 사전을 찾아보거나 인터넷 검색을 해 봐요

모르면 찾아보는 습관은 앞으로 살아가는 데 큰 도움이 됩니다.

★ 질문에 대해서 다양하게 생각해 봐요

큰 글자로 적힌 '질문'을 읽고 나서 답을 곧바로 생각해 봐요.
힌트를 읽고 생각해 보는 거예요. 답은 하나가 아닐 수도 있어요.
그러니까 여러분이 떠올리는 답은 나와 다를 수도 있어요. 다음 두 쪽에 내 생각을 더 자세히 소개했지만 그것도 여러분의 생각과 다를 수 있답니다. 떠올릴 수 있는 여러 생각 중 하나일 뿐이에요.

★ 1+1=2처럼 딱 떨어지는 답은 없어요

이 책을 다 읽었어도 책에 나온 '질문'에 대한 답이 딱 떨어지지 않고 알쏭달쏭 애매할 수도 있어요. 하지만 그편이 오히려 좋아요. 애매하다고 느낀다면 바로 여러분 마음에 생각의 싹이 움트고 있다는 증거니까요.
학년이 올라갈 때마다 이 경험은 틀림없이 도움이 될 거예요.
그러다 보면 여러분은 훗날 더 훌륭한 어른으로 성장했을 거라고 믿어요.

어른들께

부모님이나 선생님께서 이 책을 좀 더 효과적으로 활용할 수 있도록 '대화 활용법'을 다음 페이지에 실었습니다. 아이들과 어떻게 대화하면 좋을지 이해를 돕기 위한 예를 소개합니다.

어른과 어린이를 위한
대화 활용법

142~143쪽 장면

【 앞 두 쪽을 읽는 법 】

어른 / 어린이

 자, 오늘 질문을 볼까? '눈물은 왜 나와요?' 네. 왜 눈물이 날까?

슬퍼서요.

 그런데 기쁠 때도 눈물이 나오잖아?

아, 그렇네요.

 여기 봐. '울고 싶지 않은데 저절로 눈물이 나와요.'라고 쓰여 있지?

맞아요. 눈물은 멋대로 나와 버려요.

 그럼 눈물은 왜 멋대로 나올까?

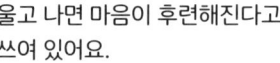
생각하는 것이 습관이 되도록 계속해 보세요!

울고 나면 마음이 후련해진다고 쓰여 있어요.

 맞아. 울면 마음이 후련해질 때가 있지.

그런데 눈물 필터가 뭐예요?

어른들께

질문이 적힌 앞 두 쪽은 간단한 생각을, 뒤 두 쪽은 좀 더 깊이 있는 생각을 소개했습니다. 혹시 저학년 어린이가 혼자 읽기 어려워한다면 어른들께서 함께 읽으면서 생각하는 습관을 들이도록 도와주시기 바랍니다.

어린이와 함께 읽는 경우, 어른은 아이가 답을 말할 때까지 느긋하게 기다려 주는 것이 중요합니다! 아이가 생각하는 동안에는 다그치지 말고 가만히 기다려 주세요.

 눈물 때문에 눈에 막 같은 것이 생긴다는 뜻이야.

막? 그게 어떻게 생겨요?

아이의 생각을 부정하지 말고 받아 주세요.

 눈에 눈물이 고이면 어때?

앞이 잘 안 보여요.

 맞아. 앞이 잘 안 보이면 좋은 점이 있을까?

모르겠어요.

아이가 모른다고 해도 혼내지 말고 다시 물어 보세요.

 눈물이 나올 때를 생각해 보겠니?

앞이 잘 안 보였다가 눈물이 흘러내리고 나면 다시 잘 보여요.

 그걸 알아차렸구나. 눈물이 떨어지기 전까지만 막이 있는 거야. 잠깐 동안뿐이지.

맞아요. 아주 잠깐 눈앞이 일렁일렁해 보여요. 눈물이 흘러내리고 나면 평소처럼 보이고요.

어른과 어린이를 위한 대화 활용법

【다음 두 쪽을 읽는 법】

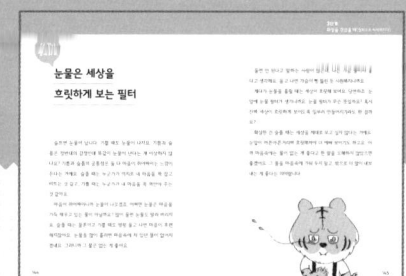

144~145쪽 장면

 '눈물은 세상을 흐릿하게 보는 필터'라고 쓰여 있네. 흐음, 이게 무슨 말일까. 조금 어렵지?

네.

 (읽는다) 어때? 이해되니?

세상을 흐릿하게 보는 게 좋다고 했어요.

 왜 그럴까?

슬플 때는 제대로 보고 싶지 않아서요.

 그렇지. 그럼 기쁠 때는?

기쁠 때는 깨끗하게 다 잘 보고 싶어요.

 그런데 사람들은 왜 그럴까?

모르겠어요. 그것밖에 안 나와 있는 걸요.

계속 생각할 수 있도록 격려해 주세요.

 그 점을 생각하는 게 중요해. 같이 생각해 보자.

20

　자, 어떤가요? 이 책으로 어른과 어린이가 아주 멋진 대화를 펼치고 있지요? 이 책 속에서 던지는 질문들은 수학처럼 딱 떨어지는 정답만 있는 게 아닙니다. 질문에 대한 의문을 품은 채로 마지막까지 답을 내지 못하고 알쏭달쏭한 상태로 책장을 넘길 수밖에 없는 경우도 있을 거예요. 하지만 바로 그 점이 중요하답니다.

　왜냐하면 계속 생각할 수 있으니까요. 우리는 대부분 답을 듣고 나면 더는 생각하지 않습니다. 어릴 때부터 스스로 생각하는 습관을 들인다면 앞으로 공부와 일을 하는 데 도움이 되는 건 물론이고 살아가는 데도 힘이 됩니다. 그리고 확고한 의견을 가진 어른이 될 수 있지요.

　고학년이 혼자 읽는 경우에도 앞의 대화처럼 답이 나올 때까지 여러모로 생각하면서 읽기 바랍니다.

　자, 지금 바로 시작해 보세요!

철학 하는 친구들

이 책에 등장하는 친구들을 소개합니다.
(전부는 아니에요.)

내 얼굴이 무섭다고?
그런 말 하면
나도 상처받아.

아크뇽
(악어)

매일 즐거워!
공부만 안 한다면.

다람이
(다람쥐)

나는 좋고 싫은 게
확실해.
그러면 안 돼?

아이숭
(아이아이원숭이)

마음이 착하고
힘은 세지고 싶어!

카피
(카피바라)

먹는 게 너무 좋아.
늘 배가 고파서.

토랑
(호랑이)

음악을 좋아해.
요즘은 기타 연습 중.

총총이
(토끼)

괴롭힘을 당할 때마다
철학적으로 생각해 볼게.

넓부리
(넓적부리황새)

공부하기 싫어.
나 어떡해?
빨래하는 건 좋은데.

너구루
(너구리판다)

모두 나한테
와서 내 털을
쓰담쓰담해 주는데,
가끔은 혼자
있고 싶어.

포근타
(알파카)

생각이
너무 많아서
잠을 못 자.

화이티
(북극곰)

나는
오가와 선생님
조수야.

철이

철학의 첫걸음

1단계

철학이 뭘까?

좋아한다는 게 뭐예요?

그 애 생각만 하면
왜 가슴이 두근두근
거릴까?

1단계
철학이 뭘까? (철학의 첫걸음)

야단맞을 때
두근두근하는 마음과
조금 달라.

내 머릿속이 누군가에 대한 생각으로 가득해요. 그래서 다른 생각을 할 틈이 없어요. 아, 어떡하죠? 그런데 기분이 굉장히 좋아요. 이게 바로 좋아하는 감정일까요?

> 더 깊이 생각하기

좋아한다는 건
보물이 너무너무 신경
쓰이는 느낌과 비슷하다

우리는 매일매일 정말 많은 것들을 생각해야 합니다. 신경 써야 할 일은 또 얼마나 많은지! 머릿속이 늘 꽉 차 있지요. 하지만 신기하게 누군가를 좋아하게 되면 그 사람 생각만 하게 돼요. 머릿속은 이미 다른 생각들로 가득 찼는데도 그 아이가 머릿속으로 들어오는 거예요. 다른 생각을 하려 해도 그 아이 생각을 나도 모르게 해 버리게 되고요. 혹시 이런 게 좋아하는 감정일까요? '마음을 빼앗기다'라는 말 그대로입니다. 마치 그 아이에게 마음을 빼앗겨 버린 것 같지요.

그렇다고 그 아이가 내 마음을 빼앗아 간 건 아니에요. 내가 멋대로 좋아하고 있으니 엄밀히 말하면 자기 마음을 자기가 스스로 빼앗았다고 할 수 있지요. 자기 마음이니 빼앗고 말고 할 것도 없지만요.

그렇다면 분명 자기 안에는 스스로 통제할 수 없는 또 하나의 자신이 있다고 볼 수도 있겠군요. 누군가를 굉장히 좋아할 때, 그 아이 말고는 주변 세상이 잘 보이지 않는 이유도 바로 통제되지 않는 또 하나의 자신 때문일 테지요.

그래서 한숨도 푹푹 쉬고, 이렇게 할까 저렇게 할까 고민을 하게 됩니다. 또 묘하게 마음이 들썽들썽 들뜨기도 하고, 자신이 이상해진 것 같아서 걱정되기도 하지요. 그리고 머릿속은 온통 그 아이의 생각으로 가득 찹니다.

이러면 안 되는 걸까요? 아니에요, 괜찮아요. 기분 좋잖아요. 누군가를 좋아하게 되면 하루하루가 행복합니다.

게다가 누군가를 좋아하는 마음은 노력한다고 생기지 않아요. 어느 날 우연히 보물을 발견했다고 생각해 봐요. 하지만 그 보물은 내 마음대로 할 수 없는 보물이에요. 갑자기 눈앞에서 사라질까 봐 가슴앓이를 하기도 하고요. 그게 바로 좋아하는 감정이라고 생각해요.

싫어한다는 건 뭐예요?

왜
피할까?

1단계
철학이 뭘까?(철학의 첫걸음)

싫은 사람이 나타나면 저도 모르게 피하게 돼요. 피한다는 것은 함께 있기 싫다는 의미지요. 여기서 한발 더 나아가 그 사람에게 굳이 싫다고 말하는 건, 어떻게든 싫은 원인을 알아내서 해결하라고 마음이 부탁하는 걸까요?

> 더 깊이
> 생각하기

싫은 게 아니라
자기가 원하는
모습과 다를 뿐

 "네가 진짜 싫어!"라는 말은 누구나 듣고 싶지 않을 거예요. 하지만 날 싫어하는 사람을 이유도 모른 채 미워하기도 어렵습니다. 그런데 말이에요, 사람은 왜 누군가가 싫다고 말하는 걸까요? 싫어하는 그 사람을 멀리하고 싶기 때문이겠죠. 누군가를 가까이하고 싶지도 않고 보기도 싫을 때 우리는 진짜 싫다고 말하게 돼요. 왜 그 사람과 가까이하기가 싫을까요? 그야 그 사람 곁에 있으면 내 마음이 힘들거나 불쾌해지기 때문이지요. 다시 말해서, 상대방이 내비치는 무언가가 내 마음을 힘들게 하거나 기분 나쁘게 한다는 거예요.

1단계
철학이 뭘까?(철학의 첫걸음)

실은 그 사람이 내가 바라는 모습과 다른 행동을 보이기 때문에 그 사람을 멀리하는 건 아닐까요? 예컨대 "아빠 너무 싫어!"라고 말할 때, 정말로 아빠가 사라졌으면 하는 마음은 아닌 것처럼요.

마음속으로는 아빠가 이랬으면 싶은데, 아빠가 내 마음을 몰라줘서 화를 내는 것일지도 몰라요. 누군가를 싫다고 말하는 것은 그에게 바라는 바를 요구하는 다른 표현이라고 생각해요.

'좋아하다'와 '싫어하다'라는 말이 서로 짝을 이루는 것도 이해되지 않나요? 이 두 단어는 반대말이어서가 아니라 동전의 양면과 같기 때문에 서로가 짝이 되지요. '좋아하다'는 말이 쓰인 동전이 있다면, 그 뒷면에는 '싫어하다'라는 말이 쓰여 있을 것 같군요.

정말로 좋아하던 사람이 사소한 일 때문에 꼴 보기 싫을 정도로 싫어지기도 하지만, 그 반대인 경우도 있답니다. 그러니까 만일 여러분이 어떤 사람을 정말로 싫다고 느낀다면, 그 감정이 진짜인지 찬찬히 생각해 보세요. 어쩌면 그 사람을 굳이 멀리하지 않아도 싫은 마음이 사라질지도 모르니까요.

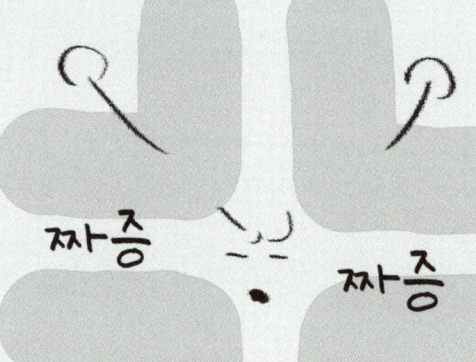

왜 사람을 괴롭혀요?

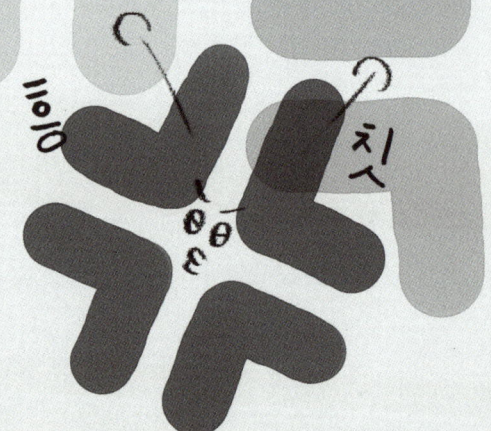

1단계
철학이 뭘까?(철학의 첫걸음)

불안하고 짜증 날 때면 다른 사람에게 못되게 굴고 싶을 수도 있어요. 혹시 여러분이 심통을 부리고 있다면, 자기 자신이 미처 느끼지 못하더라도 지금 불안해한다고 생각하면 좋아요. 자신도 모르는 불안을 알아채고 다스리는 일은 참 까다로워요!

> 더 깊이
> 생각하기

불안이
심술의 싹을 틔운다

여러분에게 확실히 말할 수 있어요. 한 아이를 집단으로 괴롭히는 행동은 정말로 나쁩니다. 괴롭힘을 당하는 아이는 얼마나 아프고 힘들겠어요? 그 마음을 모르는 것도 아닌데 우리는 왜 누군가를 괴롭힐까요? 심보가 아주 고약한 아이들은 자기 마음에 들지 않는 아이들을 곧잘 괴롭힙니다.

그런 심술쟁이 아이들은 그저 불안하고 짜증이 나서 다른 아이를 괴롭히는 걸까요? 종종 반 전체 아이들이 한 아이를 표적 삼아 괴롭히는 일도 있어요. 그런 경우에는 반 아이들 모두가 고약한 심술쟁이들일까요?

그렇지는 않아요. 아마 대부분 아이들은 누군가를 괴롭히는 행동이 그렇게 나쁘다고 생각하지는 못했을 거예요. 그 아이들은

1단계
철학이 뭘까?(철학의 첫걸음)

선생님에게 꾸중을 듣고 나서야 자신들이 몹쓸 짓을 했다는 잘못을 깨닫지 않을까요.

심술궂은 마음의 싹은 누구에게나 있어요. 사소한 일 때문에 그 싹이 고개를 내밀지요. 나도 그래요. 시간이 한참 지나서야 그때 나는 참 못됐었다고 생각할 때가 있답니다. 그럴 때는 꼭 내가 피곤했거나 기분 나쁜 일이 있었거나, 일이 잘 풀리지 않아 불안해서 안절부절못할 때였어요.

괴롭힘은 누군가의 불안에서 시작된다고 생각해요. 불안에 휩싸인 아이가 마음에 들지 않는 아이에게 자기 불안을 우연히 말과 행동으로 드러내요. 그러면 주변 아이들의 마음속에도 심술의 싹이 고개를 드는 거죠.

그러니까 자기 자신도 남을 괴롭히고 못되게 굴 수도 있다는 사실을 잊지 않아야 합니다. 나의 불안이 심술의 싹을 틔우지 않도록 조심해야 하고요.

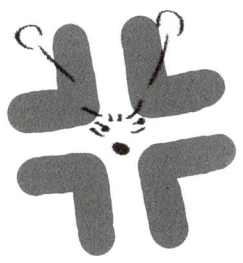

35

왜 누구는 부유하고,
왜 누구는 가난해요?

나도 부자가 되고 싶어

1단계
철학이 뭘까?(철학의 첫걸음)

모두 부자가 되고 싶은 마음에 경쟁을 해요. 그래서 각자가 가진 재산에 차이가 나고요. 오해하지는 마세요. 부자가 되고픈 마음이 나쁜 건 아니에요. 물론 그 마음이 너무 강하면 좋지 않을 수는 있어요. 잘사는 사람과 못사는 사람의 차이가 너무 커질 테니까요.

더 깊이 생각하기

빈부격차를 줄일 수 있는 규칙 만들기

    모두 같은 사람인데 누군가는 엄청 잘살고, 누군가는 아주 어렵게 살아요. 내 주변에도 잘사는 사람이 있고 어렵게 사는 사람이 있어요. 분명한 건 부자가 되기 위해 열심히 일한 사람이 대체적으로 돈을 더 많이 벌기는 합니다.

    하지만 세상에는 열심히 일할 수 없는 사람도 있어요. 그건 어쩔 수 없는 일이라고 생각해요. 게으름을 피워도 된다는 말이 아

1단계
철학이 뭘까?(철학의 첫걸음)

니에요. 사람은 저마다 능력이 다르고, 때로는 몸이 아파 일을 할 수 없는 상황도 있어요. 일을 많이 한 사람만 돈을 많이 버는 사회가 정말 괜찮을까요?

그렇게 된다면 부자는 더욱더 부유하게 살고, 가난한 사람은 더욱더 돈을 벌지 못하겠죠. 이런 사실을 모두가 알고 있을 텐데, 어째서 점점 벌어지는 소득 차이를 좁히려 하지 않을까요? 지금 같은 현실이 괜찮다고 생각하는 사람이 많기 때문일 테지요.

우리 모두는 기회가 된다면 부자가 되고 싶어 합니다. 넓은 집에서 살고, 고급 차를 타고, 비싼 옷을 입고, 맛있는 음식을 먹으며 살아가고 싶어 할 거예요. 그렇다면 인간은 이기적이고 욕심쟁이일까요? 무언가를 갖고 싶다거나, 더 나은 환경에서 살고 싶어 하는 마음이 딱히 나쁘진 않잖아요.

단지 욕심이 너무 커지면 문제라고 생각해요. 자기 자신만 생각하면 욕심쟁이가 되고 말아요. 그러니까 나와 다른 상황에 처한 사람도 배려하는 규칙을 만들면 좋지 않을까요? 그러면 엄청 부유한 사람과 너무 가난한 사람의 소득 차이도 조금은 줄어들 것 같군요.

생각한다는 게 뭐예요?

맛있었어~
오렌지 초콜릿
아빠가 선물로 사 온 오렌지 초콜릿

생선과 초콜릿을
넣은 새로운 요리를
생각하라면?

우아!
초콜릿을 요리에도
쓰는구나~!

1단계
철학이 뭘까?(철학의 첫걸음)

새로운 일을 하는 데에는 정답이 없어요. 하지만 내가 알고 있는 일과 지식에는 한계가 있지요. 그렇다면 내가 알고 있는 사실들을 한데 묶거나 거꾸로 바라보면 미처 알지 못했던 방법이 나올 것 같아요.

> 더 깊이
> 생각하기

생각이란
여러 재료를 모아
머릿속에서 조합하는 것

여러분은 어른들에게 "스스로 생각해 봐!"라는 말을 많이 들을 거예요. 어쩌면 이 순간에도 듣고 있을지 모르죠. 하지만 어떻게 생각해야 하는지는 말해 주지 않아요. 예를 들면, 이런 순서대로 이렇게 생각하고 저렇게 생각하면 좋다는 식으로 알려 주면 얼마나 좋을까요. 무슨 생각을 어떻게 해야 할지 모르니까 우리는 교과서나 인터넷으로 답을 찾아보게 되잖아요?

그런데 또 무작정 답만 찾으면 안 된대요. 그 말은, 이미 어딘가에 있는 답을 찾기만 해서는 부족하다는 뜻일 거예요. 무엇을 어떻게 더 할 수 있을까요? 답을 찾는 것만으로 부족하다면 우리가

1단계
철학이 뭘까?(철학의 첫걸음)

답을 만드는 수밖에요. 다만 무엇이든 만들 때는 재료가 필요하고, 만드는 방법을 모르면 아무 소용이 없어요.

먼저 쉬운 문제부터 해결해 봐요. 재료가 바깥에 있다면 재료를 찾기만 하면 됩니다. 교과서나 책, 인터넷, 여러분이 지내는 가정이나 학교 같은 바깥 세상에서 말이에요.

지금까지 답이라고 생각했던 것들이 사실은 재료였던 거죠. 그럼 이제 그 재료를 어떻게 활용해서 답을 만들까요? 힌트가 될 만한 게 없을까요? 아, 그렇지! 요리를 생각해 보세요.

음식을 만들 때는 여러 가지 재료들이 필요해요. 그 재료들을 가지고서 어떻게 만들어야 맛있을지 방법을 알아낸 다음, 이리저리 맞춰 보고 섞어 보는 거지요. 그러면서 조금씩 맛을 보고 재료를 다르게 섞어 봐요. '생각'을 할 때에도 음식을 만드는 과정을 떠올려 보세요. 모은 재료들을 어떻게 사용할지 가늠한 다음, 머릿속에서 다양하게 조합해 보는 거죠.

그렇게 얻은 답이 영 이상하다면 재료들을 또 다른 방법으로 조합해요. 여러분 마음에 들 때까지 해 보는 겁니다. 이것이 바로 생각한다는 것 아닐까요?

당연하다는 건 뭐예요?

1단계
철학이 뭘까? (철학의 첫걸음)

당연하다는 말은
너무 편리해요

"당연해."라고 말하면 모두 고개를 끄덕끄덕해요. 왜 그럴까요? 당연히 당연하니까요? 아니에요. 실은 당연하지 않은 것도 있는데, 더 이상 생각하기가 귀찮아서 당연하다고 말하는 건 아닐까요?

> 더 깊이
> 생각하기

그 이상 생각하지
않으려는 것이 '당연하다'

사람들은 종종 "그건 당연하지."라고 말해요. 예를 들어 "하늘이 파랗다."라고 하면 다들 당연하다고 생각하겠죠? 어려움을 겪는 누군가를 도와준 사람은 칭찬을 받고서 "당연한 일이었어요."라고 대답할 거예요. 왜 당연하다고 생각할까요?

다른 사람도 자기와 같이 당연하다고 생각할 테니까요. 모두가 알고 있는 일이고, 달리 이유를 생각할 필요도 없고, 굳이 설명하지 않아도 되는 일이니까요.

하지만 우리는 당연히 안다고 생각하는 것들을 제대로 알고 있을까요? 하늘이 파랗다고 하지만, 파랗지 않은 날도 있어요. 그런데도 우리는 왜 하늘이 파랗다고 말할까요. 단지 하늘이 파랗게 보이는 날이 많아서? 애초에 하늘이 파란색이 맞긴 할까요?

1단계
철학이 뭘까?(철학의 첫걸음)

아, 어떡하죠? 하늘이 파랗다는 말이 이제는 당연하지 않게 생각됩니다.

어려움에 처한 사람을 돕는 일은 어때요? 이건 당연한 일이 맞죠? 그게 당연하다면 어떤 사람은 왜 남을 돕지 않을까요? 남을 돕지 않는 사람도 있고, 도울 수 없는 사람도 있어요. 어쩌면 남을 도와서는 안 되는 경우도 있고요. 남을 돕다가 내 목숨까지 위태로워진다면 어떻게 해야 할까요?

계속 생각하다 보면, 당연하다는 것은 다들 당연하게 여길 것이라는 짐작에 불과할지도 모르겠군요. 아무도 그 이상은 생각하지 않으려는 거지요. 아까 해 보았잖아요. 당연한 것에 대해 조금이라도 따져 묻기 시작하면 거기에는 예외도 많고, 의문점도 많다는 것을 알 수 있어요.

당연했던 것은 더 이상 당연하지 않게 됩니다. 어쩌면 당연하다는 것은 당연한 척하는 것일지도 몰라요.

의심하는 건
쉽나요, 어렵나요?

답은 전부 어딘가에
쓰여 있죠?

1단계
철학이 뭘까?(철학의 첫걸음)

교과서에는 누구나 인정하는 정답이 쓰여 있어요. 하지만 그 답은 틀렸고 아직 아무도 모르는 새로운 답이 있다면, 어떻게 발견할 수 있을까요? 그건 지금 여러분이 알고 있는 답을 의심하는 데에서 시작해요. 그러면 새로운 답을 발견할 수 있을 테니까요.

> 더 깊이
> 생각하기

지금까지는
의심할 기회가
없었을 뿐

여러분에게 답을 의심하라고 하면 의심을 어떻게 시작해야 좋을지 몰라 당황할 거예요. 학교에서는 의심할 일이 거의 없으니까요. 오히려 선생님이 하는 설명이나 교과서에 적힌 내용을 의심하지 않고 그대로 믿는 경우가 많지요.

어쩌면 '답'이란 정해져 있으니 믿어야 하는 것, 의심해서는 안 되는 것이라고 생각할지도 모르겠군요. 하지만 선생님이나 교과

1단계
철학이 뭘까? (철학의 첫걸음)

서 내용이 틀릴 수도 있어요. 무엇보다 새로운 정보를 발견하면 알고 있던 답이나 생각은 한번 의심해 볼 필요가 있습니다. 지금 알고 있는 답이 옛날에는 옳았을지 모르지만, 그 답과 관련된 사실들이 바뀌었다면 답 역시 바뀔 테니까요.

의심을 어떻게 해야 할까요? 여러분이 알고 있는 답이 옳지 않다고 생각하는 데에서부터 의심은 시작돼요. 주어진 답과 반대되는 상황을 상상하고, 그 상황을 옳게 만드는 논리를 생각해 봅니다.

예컨대 물은 부드럽다는 사실을 의심하려면 물이 부드럽지 않은 상태를 떠올려 봐요. 물이 수도꼭지에서 아주 세게 나올 때 만지면 어떤가요? 물이 부드럽다는 사실을 충분히 의심할 수 있겠죠?

이렇게 간단한데도 의심하기가 어려운 이유는 지금까지 의심할 기회가 없었기 때문이에요. 이미 답은 나와 있으니 어떤 문제도 더 이상 생각할 필요가 없었겠지요. 하지만 오늘날에는 많은 것들이 빠르게 변하고 있기 때문에 앞으로 필요한 답들은 이전과 사뭇 달라질 거예요. 이제부터는 의심을 잘하는 사람의 역할이 중요해질 거라고 생각합니다.

세계가 뭐예요?

내가 생각하는 '세계에서 제일'은?

'세계에서 제일'이라고 말할 때, 왠지 마음이 뜨거워집니다. 왜 그럴까요? 아마 세계에서 으뜸이 되는 건 무척 어렵기 때문일 거예요. 세계는 이 세상 전부니까요. 세계는 넓고 으뜸이 되기는 어렵지만, 그럼에도 우리는 세계를 향해 나아갑니다.

1단계
철학이 뭘까? (철학의 첫걸음)

먼저 '세계에서 제일'
이란 말이 뭔지
생각해 봐야지.

> 더 깊이
> 생각하기

'세계'라는 말은 단단한 각오를 표현하기 위한 무대

"세계는 넓다.", "세계 제일이다."라는 말을 곧잘 하는데, 대체 '세계'란 무엇일까요? 세계는 지구 전체를 말할까요? 글쎄, 아닌 것 같죠? 그렇다면 세계는 지구와 어떤 점이 다를까요? 지구는 우리가 살고 있는 이 행성을 말해요. 태평양 한복판과 그 바다의 깊은 곳, 그리고 하늘도 어느 정도는 포함되지요.

하지만 세계는 깊은 바다나 높은 하늘을 포함하는 것 같진 않습니다. 그렇다면 세계란 세상에 있는 모든 나라들을 가리킬까요? 만약 어느 나라에도 속하지 않는 곳이 있고, 우리가 그곳을 여행한다면 세계를 여행했다고 말할 수 있을까요?

1단계
철학이 뭘까?(철학의 첫걸음)

　그렇다면 세계란 사람이 갈 수 있거나 살 수 있는 모든 곳일까요? 구체적으로 어느 어느 장소라고 말하면 될 텐데, 왜 세계라고 뭉뚱그려서 표현할까요? 아마도 세계란 사람과 관련된 모든 장소를 의미하나 봅니다. 그러면 어째서 '제일'을 말할 때, 굳이 '세계'라는 단어를 덧붙일까요?

　'세계에서 제일'이라는 말 안에는 '전체 가운데 으뜸'이라는 뜻이 담겼어요. 그 '전체'를 표현하기 위해서 '세계'라는 말을 가져와 쓰는 것이죠. "세계에서 제일 아름다워."라고 말하는 경우도 마찬가지예요. 그뿐인가요? "세계가 끝나는 날까지 계속하겠다!"라고 말할 때, 우리 삶 '전체'에서 가장 중요하게 여기는 일임을 보여 줍니다. 반면에 '우리 나라에서 제일'이라고 말할 때에는 '세계에서 제일'보다 가장 최고, 가장 으뜸이라는 느낌이 부족해요. 우리 나라 바깥에도 다른 나라들이 많으니까요.

　'세계에서 제일'이라는 말을 들으면, 사람이 상상할 수 있는 전부 중에서 으뜸이라거나, 역경을 딛고서도 끝까지 해내겠다는 결심이 느껴집니다. 그렇다면 결국 '세계'라는 말은 사람의 단단한 각오를 드러내기 위한 무대가 아닐까요?

책을 읽는다는 건 뭐예요?

책의 표지는
다른 세계로
들어가는 문

1단계
철학이 뭘까?(철학의 첫걸음)

책을 읽을 때 우리는 글자만 보는 게 아니라 여러 가지 장면을 머릿속에 떠올려요. 책 속의 세계를 상상하는 거지요. 그 안에서는 다른 세계가 펼쳐지니까요.

> 더 깊이
> 생각하기

책의 메시지는 책 바깥에서 완성된다

　직사각형의 납작한 종이뭉치를 집어 들어요. 표지를 넘기고, 속표지를 넘기면 빽빽한 글자가 가득 차 있죠. 글자들을 하나하나 읽어 내려가요. 이런 행위를 두고 '책을 읽는다'고 합니다. 어때요, 간단하죠? 여기서 글자를 읽는다는 것은 글자를 이해한다는 뜻입니다.

　한 권의 책 속에는 글자들이 덩어리를 이루고 있어요. 그 글자 덩어리를 이해한다면 책이 전하려는 메시지를 알 수 있지요. 하지만 어른이 읽는 책을 어린이가 읽으면 책의 메시지를 이해하지 못하는 경우도 있어요. 왜 그럴까요?

1단계
철학이 뭘까?(철학의 첫걸음)

 책이 하고 싶은 얘기는 그 안에 전부 쓰여 있을 텐데 말이에요. 이를테면 평화에 관한 책 또는 사랑에 관한 책이 있다고 해 봐요. 우리는 평화나 사랑이란 단어를 알고 있으니, 그 책에 적힌 내용을 읽을 수 있어요. 하지만 글자를 읽어도 무슨 말인지 도통 이해 안 될 때가 있어요.

 더 이상한 일은 같은 책을 읽어도 나와 친구가 서로 다르게 이해할 때도 있다는 거예요. 같은 책이라도 읽는 사람마다 그 메시지를 다르게 받아들일 수도 있겠군요.

 책이 전하는 메시지는 책을 읽는 시간이나 장소, 읽는 사람의 경험이 더해져야만 비로소 완성되어요. 책 안의 세계에는 소리도 없이 글자만 존재할 뿐이니 여러 상상을 하며 읽을 수밖에 없으니까요.

말이 뭐예요?

네가 진짜 진짜 좋아!
(친구가 되고 싶어.)

**1단계
철학이 뭘까?(철학의 첫걸음)**

그런 뜻으로
말한 거 아닌데

친구나 가족에게 한 말이 뜻대로 전달되지 않는 일이 있죠? 어렵사리 내 마음을 담아 말했는데, 상대방은 그런 내 마음을 알지 못하는 경우 말이에요. 같은 말이라도 말에 담긴 마음은 사람에 따라 조금씩 다릅니다.

……
(마, 맛이… 좋아?)

> 더 깊이
> 생각하기

말이란
머릿속에 있는 생각을
다른 사람에게 전하는 것

여러분은 말을 어떻게 고르나요? 생각나는 대로 말하는 거지 말을 고르는 게 무슨 소리냐고요? 변명을 하거나 편지를 쓸 때 어떤 말을 사용할지 고민한 적이 있지 않나요?

우리는 수많은 말들 중에서 가장 좋다고 생각하는 말을 고르고 있답니다. 가장 좋은 말이란 무슨 의미일까요? 여러분이 말을 고르는 장면을 한번 떠올려 보세요.

예컨대 진심을 담아 사과할 때, 먼저 무엇을 사과할지 생각하겠죠? 미안한 마음을 말하려면 얼마만큼 미안한지, 어떤 일 때문에 미안한지, 앞으로 어떻게 할지 등을 표현해야 합니다. 그러지

1단계
철학이 뭘까?(철학의 첫걸음)

않으면 여러분의 마음을 정확하게 전할 수 없을 테니까요.

　내 머릿속에 있는 생각을 다른 사람에게 가장 정확히 전달할 수 있는 말이 가장 좋은 말이에요. 가장 좋은 말로써 내 생각을 전달하는 게 말을 고른다는 것이에요. 그래서 말을 많이 알고 있으면 선택할 수 있는 말의 가짓수도 많아집니다. 상황에 딱 맞는 말을 자연히 잘 고를 수 있게 되고요.

　딱 맞는 말이 없다면 어떻게 해야 할까요? 말을 만들면 돼요. 애초에 말의 의미는 계속 바뀌어 갑니다. 같은 말이라도 시대가 변하면서 의미가 달라지곤 하죠. 그뿐만 아니라 말하는 배경과 상황 속에서 의미가 달라지기도 하고요. 실제로 말은 이 순간에도 끊임없이 새롭게 생겨나고 있답니다. 머지않아 여러분이 만든 말이 국어사전에 실릴지도 몰라요.

철학이 뭐예요?

나는 이 컵에 대해 얼마나 알고 있는가

1단계
철학이 뭘까?(철학의 첫걸음)

보이든 보이지 않든 우리가 알고 있는 모든 대상에는 숨겨진 정체가 있어요. 예를 들어 컵의 진짜 모습은? 놀이에 숨겨진 모습은? 자유의 정체는? 그것을 생각하는 것이 철학이에요.

> 더 깊이
> 생각하기

철학을 하면
세계를 보는
눈이 달라진다

'철학'. 이름만 봐도 굉장히 어려워 보이지요? 한자로 써 볼게요. 哲學(밝을 철, 배울 학). 한자로 써 놓으니 왠지 어울리지는 것 같지 않나요?

알고 보면 철학은 참 불쌍해요. 얼굴이 무섭게 생겨서 오해를 받지만 사실은 마음씨가 고운 사람처럼 말이지요. 그래서 나는 철학의 진짜 모습을 알리기 위해서 노력하고 있습니다. 이 책을 쓴 이유도 그래요. 이미 앞에서 생각해 본 '좋아한다는 게 뭐예

1단계
철학이 뭘까? (철학의 첫걸음)

요?'라든가 '왜 사람을 괴롭혀요?' 같은 우리 주위에서 흔하게 일어나는 일에 대한 질문들도 전부 철학이에요.

당연하게 여기는 말, 안다고 생각하는 말, 혹은 평소에 굳이 궁금해하지 않았던 이유들을 두고 곰곰이 생각해 보는 거예요. 그러면 신기하게도 이 세계가 지금까지와 다르게 보인답니다! 그것이 바로 '철학'이에요.

듣고 보니 참 쉽죠? 하지만 당연하다고 여기는 것에 대해 의심하고 생각하기란 결코 쉽지 않아요. 누구나 늘 당연하게 여겨 온 답이기에 평소보다 생각을 더욱 넓혀야 해서 어렵지요. 이럴 때 사고의 전환이 필요합니다. 일단 당연한 것들을 의심하고 다른 관점으로 바라본 다음, 그 의미들을 머릿속에서 다시 짜 맞춰 보아야 합니다. 물론 사물의 의미는 말로 정확히 표현하지 않으면 전달되지 않기 때문에 자신이 정확히 알고 있고, 상대방도 잘 이해할 수 있는 말로 표현해야 해요.

이것이 바로 철학 하는 방법입니다. 어려운가요? 걱정하지 마세요. 여러분이 이 책을 여기까지 읽었다면 자기도 모르는 사이에 이미 철학을 하고 있으니까요. 어때요? 이제 세계가 좀 다르게 보이지 않나요?

철학으로 키우는 여러 가지 힘

철학 하는 습관을 들이면 다양한 힘이 커져요.
몇 가지를 소개할게요.

사고력
깊이 생각할 수 있다.

의심하는 힘
답이 하나가 아니란 걸 알 수 있다.

의사소통 능력
정확하게 뜻을 주고받을 수 있다.

인간관계
옳은 것에 대한 판단, 협동심, 따뜻함 등 마음이 자란다.

창의력
아이디어를 낼 수 있다.

독해력
문장과 대화 등의 내용을 이해할 수 있다.

철학을 하면 좋은 일이 생길지도 몰라

2단계

소소한 행복 ♡

소풍 전날에는 왜 잠이 안 올까요?

2단계
소소한 행복♡(철학을 하면 좋은 일이 생길지도 몰라)

내일 아침에
제대로 일어날 수 있을까

학교 소풍을 앞두면 마음이 들뜨고 흥분될 때가 많아요. 대체 소풍의 어떤 점이 그리 특별할까요? 학교 밖으로 나가서 다 같이 놀고, 간식과 도시락을 먹는 것? 무엇보다 밖에서 시간을 보내는 게 가장 특별하겠죠?

> 더 깊이
> 생각하기

우리는 딱 한순간
자연으로 돌아간다

    소풍은 학교 행사 중에서 가장 독특해요. 우선 교실 수업이 없어요. 평소에는 계속 의자에 앉아서 선생님의 말씀을 잘 들어야 합니다. 하지만 소풍 가는 날은 앉아 있지 않고 걸어요.

    활동적으로 몸을 움직여야 하는 학교 행사는 소풍 말고도 있어요. 체육 시간이나 운동회 말이에요. 하지만 소풍은 학교를 떠나 멀리 밖으로 나간다는 점이 특별해요. 특히 다 같이 도시락을 먹으면서 와글와글 시끌시끌 이야기도 해요. 걷는 것이 그렇게 즐거운 날은 또 없을 거예요.

    어디로 소풍을 가든 상관없어요. 학교에서 벗어나 먼 곳으로 떠나는 자체가 신날 거예요. 사람으로 북적북적한 마을을 떠나 숲으로, 산으로 들어가요. 동물들이 있는 자연 속으로 나아가는

2단계
소소한 행복♡(철학을 하면 좋은 일이 생길지도 몰라)

거지요. 아, 동물원으로 소풍을 가기도 하죠? 그러고 보니 동물원에 사는 동물들도 우리를 벗어나 먼 곳으로 소풍을 가고 싶어 할 수도 있겠어요.

동물은 자연으로 나가면 힘이 넘쳐요. 원래 자연 속에서 살았으니 당연하겠죠? 아 참, 어쩌면 인간도 그럴지 모르겠군요. 그래서 밖으로 나가면 기운이 펄펄 넘치는 게 아닐까요. 밖에서 도시락을 먹으면 정말 꿀맛이잖아요. 숲속을 돌아다니면 기분도 무척 좋고 말이에요.

가족과 함께 즐기는 나들이와는 또 다른 느낌이에요. 평소 도시에서 살아가는 우리가 일 년에 며칠만이라도 도시 바깥에서 지내는 날, 그것이 바로 소풍이라고 생각해요.

우리는 그날, 잠시 자연으로 돌아가게 됩니다. 인간도 원래는 자연 속에서 살아가는 동물이라는 걸 떠올리는 날이 아닐까 싶군요. 그래서 흥분된 마음에 잠도 안 오는 거지요. "우아아!" 하고 외치고 싶을 정도로요.

즐겁다는 게 뭐예요?

어디 즐거운 일 없으려나

뭐든 마냥 즐겁기만 한 일은 없어요. 같은 일이라도 즐거울 때와 즐겁지 않을 때가 있지요. 어떤 일이든 즐거워지는 방법은 분명 있어요. 무슨 일이든 잘 풀리면 즐겁게 느껴지고요.

2단계
소소한 행복♡(철학을 하면 좋은 일이 생길지도 몰라)

> 더 깊이
> 생각하기

즐겁다는 건
가끔 생각대로
잘되었을 때의 느낌

"오늘 하루 즐겁게 보내세요." 우리는 이런 말을 자주 주고받아요. 즐겁지 않은 날이 많기 때문에 이런 말을 하는 걸까요? 즐거운 날과 즐겁지 않은 날에는 어떤 차이가 있을까요? 예를 들면, 친구와 놀았던 날은 즐거워요. 줄곧 공부만 한 날은 즐겁지 않고요. 하지만 반드시 놀이는 즐겁고, 공부가 지루한 건 아닙니다.

생각해 보세요. 공부를 할 때 문제가 잘 풀리면 즐겁죠? 생각처럼 풀리지 않으면 속상하고 지루하지만 말이에요. 놀이도 그래요. 친구와 게임을 해도 계속 지기만 하면 하나도 즐겁지 않아요. 괜히 토라지거나 오늘은 컨디션이 나쁘다고 생각해 버리지요.

2단계
소소한 행복♡(철학을 하면 좋은 일이 생길지도 몰라)

그렇다면 즐거움이란 자기가 생각한 대로 되고 안 되고에 따라 달라지는 감정일까요? 으음, 그런 것 같군요. 자기가 생각한 바 그대로 이루어지면 즐겁지요. 어떤 일이든 마찬가지예요. 하지만 모든 일이 자기 생각대로 되지는 않기 때문에 즐겁지 않다고 느낄 때가 많은 거죠.

간혹 바라던 일이 자기 생각대로 이루어지면 즐거워요. 그렇게 보면 일이 잘되지 않아도 좋은 점이 있네요. 일이 잘 풀렸을 때 더 크게 즐거워할 수 있으니까요. "아, 오늘은 왠지 즐거운걸!" 하고 말이지요.

자기가 바라던 일이 얼마나 자주 이루어져야 좋을까요? 두 번에 한 번이면 너무 욕심 부렸나요? 하지만 오늘은 뜻대로 풀리지 않았어도 내일은 잘될 거라고 믿으면 즐거워지니까, 두 번에 한 번꼴이 좋을 것 같군요.

우아, 맛있게 생겼어!

맛있다는 게 뭐예요?

2단계
소소한 행복♡(철학을 하면 좋은 일이 생길지도 몰라)

어떤 음식을 보고 맛있겠다고 느낀 이유는 이전에 비슷한 음식을 먹었던 기억이 있기 때문이에요. 그 맛은 자신이 좋아하는 맛일 수도 있지만 자주 먹는 맛일 수도 있어요.

> 더 깊이
> 생각하기

익숙한 맛을
딱 좋다고 느낀다

왜 어떤 음식은 보기만 해도 맛있겠다고 생각할까요? 아마 이전에 그 음식을 먹어 봤기 때문일 거예요. 그때 맛있었던 기억에 똑같은 음식을 본 순간 맛있겠다고 상상하는 거지요. 입에 침이 고일지도 모르겠군요. 하지만 음식을 막상 입에 넣으면 맛이 없을 때도 있어요.

무언가가 맛있는지 맛없는지를 알려면 먼저 입에 넣어 봐야 합니다. 혀를 통해 음식 맛을 검사하는 것이지요. 여러분이 엄마가 디저트로 만들어 준 케이크를 먹었을 때를 떠올려 보세요. '아, 맛있다!' 하고 느끼지 않았나요?

케이크는 엄청 단맛이 날 거예요. 그렇다면 맛있다는 건 단맛을 가리킬까요? 아니에요. 나는 매운 음식도 좋아하는데 역시 맛

2단계
소소한 행복♡ (철학을 하면 좋은 일이 생길지도 몰라)

있다고 느낍니다. 맛있는 것의 기준은 뭘까요? 단 음식은 대체로 맛있지만 너무 달면 안 되잖아요. 우엑 하는 느낌이 나니까요. 너무 매운맛은 더 안 되고요. 입 안이 불타는 것 같거든요.

무언가가 맛있다면 그것은 딱 알맞게 달고, 딱 알맞게 매워야 하지 않을까요. 하지만 엄청 매운 요리를 먹고 맛있다고 하는 다른 나라 사람들도 있어요. 그렇다면 나라와 문화에 따라 맛에 대한 기준이 다를까요? 아니면 사람에 따라 다를지도 모르겠군요.

어떤 음식이 맛있다는 건, 바로 그 사람 입맛에 딱 맞다는 뜻이지요. 나는 어머니가 해 주신 음식이 입맛에 딱 맞습니다. 여러분도 그렇지 않은가요? 익숙한 맛이 딱 좋은 거지요.

맑은 날에는 왜 기분이 좋아요?

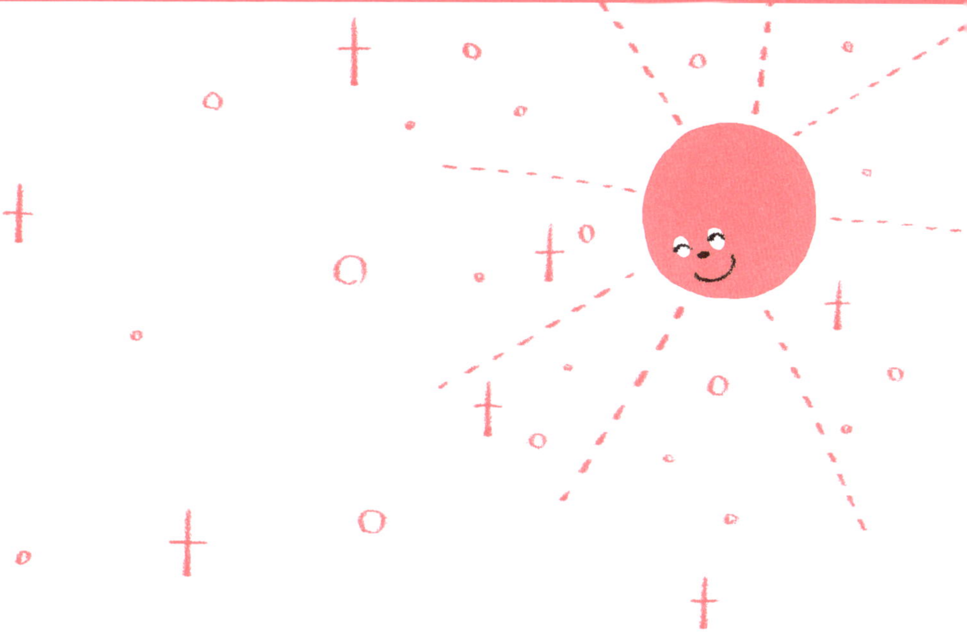

2단계
소소한 행복♡ (철학을 하면 좋은 일이 생길지도 몰라)

우아, 눈부셔!
기분 좋다~

날이 맑으면 밖으로 나가고 싶어져요. 햇살을 받고 싶어서 그런가 봐요. 햇살에는 우리 기분을 좋게 해 주는 특별한 힘이라도 있을까요? 눈에 보이지 않는 기운 같은 것 말이에요.

> 더 깊이
> 생각하기

우리 모두는
태양의 아이

    커튼을 젖히면 햇살이 가득 들어옵니다. 저도 모르게 입가에 미소가 번져요. 그저 햇살을 보았을 뿐인데 말이지요. 그런 다음에는 그 햇살을 바깥에서 직접 쬐고 싶어져요. 맑은 날이면 밖에 나가고 싶은 이유가 햇살을 쬐고 싶기 때문일지도 모르겠군요.

    '빛이 비치다'라는 말을 '좋은 일이 일어난다'라는 의미로 쓰기도 하지만, 햇살을 쬐면 실제로 좋다고 생각해요. 기분이 좋아지니까요.

    햇살 아래서는 왠지 기분이 좋아요. 왜 그럴까요? 식물은 광합성을 해서 양분을 스스로 만들기 때문에 햇빛이 필요해요. 사람도 그럴까요? 사람은 광합성을 하지 않지만 뭔가가 자랄지도 모르겠군요. 맑은 날 밖에서 운동을 하면 자신이 부쩍 자란 느낌이

2단계
소소한 행복♡(철학을 하면 좋은 일이 생길지도 몰라)

들 거예요. 기분 탓일까요?

  인간은 박쥐와 달리 밤에 활동하는 동물이 아니에요. 우리 몸은 밝을 때 움직여야 자연스럽다고 생각해요. 밝을 때는 많은 것이 보이고, 반짝반짝 빛나는 세상을 알 수 있어요. 우리는 그 반짝임에서 기운을 얻고요.

  생각해 보면 우리 인간은 모두 태양의 아이예요. 태양 덕분에 지구에 생명이 탄생할 수 있는 환경이 만들어지고, 그 안에서 인간이 태어났으니까요. 태양을 보면 엄마 같은 느낌이 들지 않나요? 언제나 나를 지켜주는 따스하고 포근한 엄마의 품에 안긴 것처럼요.

비 오는 날에는 왜 심심해요?

오늘은 밖에서 못 놀아

2단계
소소한 행복♡ (철학을 하면 좋은 일이 생길지도 몰라)

비 오는 날이 싫은 이유는 밖에서 놀지 못하기 때문이에요. 몸이 젖으니까요. 하지만 몸이 좀 젖어도 신나게 놀 수는 없을까요? 여러분이 지금보다 더 어릴 때는 비를 맞으면서도 아주아주 신나게 놀았는데 말이에요.

> 더 깊이 생각하기

어릴 때를 떠올리고 비와 친구가 된다

    비 오는 날은 왠지 기운이 빠져요. 하늘은 온통 어둡고, 밖에서 놀지도 못하니까요. 하늘을 향해 "그만 내려, 이 바보야!"라고 소리치고 싶어지지요. 하지만 비는 아무 잘못이 없어요. 우리가 날씨를 선택할 수도 없지만, 비도 내리고 싶어서 내리는 건 아니니까요.

    비를 싫어하는 내가 나쁜 걸까요? 비를 좀 좋아해 보면 어떨까요? 비가 내려도 즐겁다고 생각하는 거죠. 에이, 그래도 밖에서 놀지 못하는 건 너무 속상하다고요? 아니에요, 놀 수 없는 건 아니에요. 다만 몸이 젖을 뿐이지요.

    수영장에 들어가면 몸이 온통 젖지만 신나고 즐거워요. 비 오는 날도 수영장에서 놀 때처럼 젖어도 상관없다고 생각하면 어떨

2단계
소소한 행복♡(철학을 하면 좋은 일이 생길지도 몰라)

까요? 친구들이랑 물총을 쏘면서 놀면 무척 신날 거예요. 아하, 비와 친구가 되면 되겠군요!

이런 노래가 생각납니다.

"첨벙첨벙 발장구쳐요. 우산 쓰고 장화 신고 밖에 나가요. 비가 와도 끄떡없이 정말 신나요. 신나게 친구들과 발장구쳐요♪"

어릴 때는 물웅덩이에 들어가 물을 튕기는 게 마냥 재미있었어요. 지금은 전혀 그렇지 않지만요.

비 오는 날이 심심한 이유는 어쩌면 어른이 되었기 때문일지도 모르겠습니다. 이제는 비와 놀지 않으니까요. "나는 바빠. 더는 너랑 놀 시간이 없어."라고 말이지요. 역시 나쁜 건 비가 아니라 나 자신이었군요. 다음에 비가 오면 화해해야겠어요.

여름에는 비가 자주 내리는데 비가 올 때마다 기운이 빠져 있으면 안 되겠죠?

비야, 비야 내려라!

왜 산이나 바다에 가고 싶을까요?

바다가 좋아?

바다!

2단계
소소한 행복♡ (철학을 하면 좋은 일이 생길지도 몰라)

아니면 산이 좋아?

산과 바다는 같은 장소에 있을 수 없어요. 가까이에 있을 수는 있지만요. 그래서 어느 한쪽을 선택해서 가야 해요. 한쪽에만 가야 한다고 해서 아쉬워하지 마요. 산도 바다도 둘 다 좋은 점이 있어요. 둘 다 자연으로 돌아갈 수 있다는 공통점이 있고요.

> 더 깊이 생각하기

거기에 산이 있어서
거기에 바다가 있어서

 산과 바다는 전혀 다른데도 '산과 바다'라고 함께 불리는 경우가 많아요. 산은 나무에, 바다는 물에 둘러싸여 있지요. 산은 평지보다 높은 곳, 바다는 평지보다 낮은 곳이에요. 둘 다 우리가 사는 곳과는 다릅니다.
 도시에 사는 사람한테 산이나 바다는 너무 멀어요. 하지만 산이든 바다든 일단 가기만 한다면 일상생활에서는 맛볼 수 없는 경험을 할 수 있습니다. 그런 점이 산과 바다의 장점일 거예요. 답답한 생활에서 해방되는 느낌 말이에요. 탁 트인 경치를 보면 가슴이 뻥 뚫리는 기분이니까요. 하지만 오늘날 사람은 산도 바다도 아닌 평지에 살고 있어요. 집을 짓기 쉽고, 이동하기도 편리하니까요. 사람은 편리한 생활을 선택한 거예요.

2단계
소소한 행복♡(철학을 하면 좋은 일이 생길지도 몰라)

    바다를 건너는 다리를 짓거나 산에 도로를 놓는 공사는 이만 저만 힘든 일이 아니에요. 시간과 돈도 많이 들고요. 사람들이 모두 평지로 몰려온 것은 그 때문이 아닐까요.

    수억 년 전 지구의 모든 생물은 바닷속에서 살았는데 진화를 거쳐 육지로 이동했다고 해요. 이후 육지에 식물도 퍼지고, 동물도 점점 늘어났어요. 인류가 처음 생겨났을 때에도 한동안은 산속에서 살았을 거예요. 평지에는 먹을 것이 별로 없었을 테니까요. 옛이야기에 흔히 나오는 장면처럼 산에서 멧돼지를 잡아서 먹거나 산나물을 캐서 먹었어요.

    휴가철이면 우리가 산이나 바다에 가려는 이유는, 답답한 일상에서 벗어나고 싶어서가 아니라 그리움 때문일 수도 있어요. 자연으로 되돌아가고 싶은 마음 말이에요. 우리들의 디엔에이(DNA)에 산이나 바다 가까이에서 생활해 오던 인류의 기억이 새겨져 있을지도 모르겠습니다. 그래서 왠지 산이나 바다에 가고 싶어지는 거지요. 거기에 산이 있으니까요. 그리고 거기에 바다가 있으니까요.

바람 부는 날에는 왜 기분이 좋아요?

2단계
소소한 행복♡(철학을 하면 좋은 일이 생길지도 몰라)

바람이 따뜻해~ 봄이 왔구나

바람으로 계절을 느끼기도 해요. 평소에는 별로 신경 쓰지 않았는데 바람의 표정이 바뀌면 화들짝 놀라요. 바람이 변화를 전해 주니까요. "느껴 봐. 이제 계절이 바뀌었어."라고요.

> **더 깊이 생각하기**

바람이 불면 세계의 움직임을 느낀다

　바람은 왜 불까요? 나는 과학 시간에 공기는 온도가 변하면 수축하거나 팽창하면서 움직인다고 배웠어요. 그때는 바람이란 공기가 움직이는 활동일 뿐이란 말에 왠지 시시했어요.

　바람에는 더 깊은 의미가 있을 거라고 생각해요. 바람이 불면 그렇게 기분이 좋더라고요. 무슨 의미가 있지 않을까요? 운동한 직후에, 혹은 산에 올랐을 때 바람을 쐬면 기분이 끝내주게 좋아요. 나는 봄바람도 좋아합니다. 따뜻하고, 꽃향기가 나서요. 우산을 쓸 수 없을 정도로 거센 바람이 불 때도 재미있고요. 하지만 태풍은 무섭답니다. 이렇듯 바람에는 다양한 표정이 있어요.

2단계
소소한 행복♡(철학을 하면 좋은 일이 생길지도 몰라)

바람이 전혀 불지 않을 때도 있습니다. 그걸 알아챈 순간, 조금 슬퍼져요. 바람이 죽은 것만 같아서요. 그럴 땐 느낌이 엄청 이상합니다. 늘 바람이 불었으니까요. 그래서 마치 공기가 멈춘 듯한, 세계가 정지된 듯한 감각에 사로잡혀요.

그러다 바람이 다시 불기 시작하면 마음이 놓이지요. 바람은 우리에게 이 세계가 움직이고 있음을 알려 주나 봐요. "너희는 움직이고 있어."라고 말이에요. 어쩌면 우리는 바람을 통해 움직임을 느낄 수 있어서 바람을 기분 좋게 여기는지도 모르겠습니다. 세계는 제대로 움직이고 있고 우리는 잘 살아가고 있다고요.

'바람처럼 떠도는 소문'이라는 말도 있듯이 바람은 정말로 여러 가지 소식을 전해 줍니다. 우리는 그 소식을 기다리고 있고요. 따뜻한 봄바람이 실어 오는 소식, 태풍의 계절이 오는 소식, 초겨울의 소식 등을요.

우리는 바람과 함께 살고 있어요. 그래서 바람을 좋아하는 거지요. 바람에 얽힌 이야기를 만들고, 바람과 관련된 말을 쓰는 것도 늘 바람과 함께 있고 싶어서 아닐까요?

왜 공부보다 노는 게 더 좋아요?

공부하라는
말 좀 하지 마세요

2단계
소소한 행복♡ (철학을 하면 좋은 일이 생길지도 몰라)

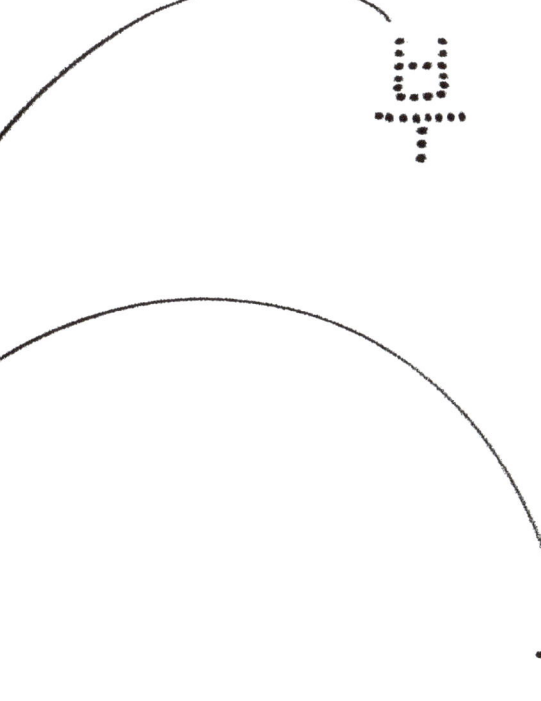

"공부해!"라는 말을 들으면 더더더 공부하기가 싫어져요. 공부하라고 말하지 않아도 우리가 알아서 할 텐데 말이에요. 정말이에요. 알고 싶은 게 많으니까요.

> 더 깊이 생각하기

공부와 놀이는
참 닮았다

공부하기 싫어! 놀러 나가고 싶어! 이렇게 생각한 적이 있나요? 아아, 매일 그렇게 생각한다고요. 어째서 다들 공부보다 놀기를 더 좋아할까요? 공부는 어려워서? 하지만 공부가 너무 쉬워도 하기 싫지 않나요? 그런 공부는 지루하잖아요.

무언가를 외우거나 계산 문제를 푸는 것은 몹시 지겨워요. 그에 비하면 놀이는 달라요. 게임은 분명 재미있죠. 뭐라고요? 게임을 할 땐 아무것도 외울 필요가 없다고요? 아니에요. 게임은 그렇게 단순하지 않아요. 게임을 즐기려면 먼저 아이템의 종류나 각종 규칙을 외워야 해요.

연습은 안 해도 되느냐고요? 당연히 해야지요. 게임 속 세계를 만만하게 보면 안 돼요. 게임은 공부보다 훨씬 더 복잡하거든요.

2단계
소소한 행복♡(철학을 하면 좋은 일이 생길지도 몰라)

이런, 왠지 말이 이상하게 흘러가 버렸군요.

공부하는 것과 노는 것은 참 많이 닮았어요. 다른 점이라면 선생님이나 부모님이 시켜서 하느냐, 스스로 하느냐이지요. 그래요, 바로 이거예요. 놀고 싶지 않은 기분인데 누군가가 놀라고 시키면 싫잖아요. "어우, 지금 피곤하다니까!" 하고 짜증 낼지도 모르겠군요.

아마 여러분도 더 어릴 때는 공부도 놀이처럼 좋아하지 않았을까요? 유치원 때나 파릇파릇한 초등 1학년 때 말이에요. 두근두근 설렐 거고요. 그때는 공부와 놀이를 굳이 구분하지 않았어요. 공부도 놀이와 마찬가지라고 생각했었죠. 새로운 것을 더 많이 알고 싶으니까요.

누군가와 같이 있으면 왜 기뻐요?

함께 있으면 즐거워

와아!

2단계
소소한 행복♡(철학을 하면 좋은 일이 생길지도 몰라)

무언가를 혼자 하는 건 싫어도 누군가와 함께하면 좋을 때가 있어요. 왜 그럴까요? 다른 사람과 함께하면 내 걱정이 덜어지기라도 할까요?

더 깊이 생각하기

누군가와 함께 있으면 나 혼자가 아니라고 생각된다

아, 갑자기 놀러 가고 싶어요. "친구야, 내일 시간 있어?" 결국 친구를 붙들고 놀자는 말을 꺼내요. 혼자서도 얼마든지 놀 수 있지만 친구와 함께 놀면 더 즐거우니까요. 맞아요, 무슨 일이든지 대개는 혼자서도 할 수 있어요.

하지만 우리는 그걸 누군가와 함께하려고 해요. 함께 밥을 먹고, 놀고, 공부도 해요. 누군가와 함께 놀면 재미있다는 건 알겠어요. 그런데 밥은 왜 같이 먹을까요? 바비큐는 많은 사람들이 모여서 함께 구워 먹어야 제맛이지만, 도시락은 함께 만들거나 나눠 먹는 것도 아니잖아요. 혹시 다른 사람들과 대화를 나누면

2단계
소소한 행복♡ (철학을 하면 좋은 일이 생길지도 몰라)

서 먹으니까 즐거운 걸까요?

　아무리 도시락이라도 말없이 먹을 때보다 한데 모여 이야기를 나누면서 먹으면 분위기가 흥겹고 즐거워져요. 공부는요? 모둠을 짜서 자료를 조사하고 회의를 할 때라면 몰라도, 공부할 때 대화를 한다고 해서 분위기가 흥겨워지지는 않아요. 그런데도 학생들이 교실에 모여 공부하는 이유는 뭘까요? 모르는 내용을 서로 가르쳐 줄 수 있기 때문일까요?

　그건 아닐 것 같군요. 함께 공부하는 사람이 주변에 있다는 생각만으로도 왠지 기운이 나고 기쁠 테지요. 공부는 어렵고 힘드니까요. 동아리에서 각자 개인 연습을 할 때도 마찬가지예요. 다른 사람들이 열심히 연습하는 모습을 보면 마음이 편해져요. 아마도 나 혼자만 하는 것이 아니라는 느낌 때문이 아닐까요?

　우리는 저마다 몸을 가지고 있지만 서로 떨어져 있어요. 그래서 뭐든지 혼자서 하는 거예요. 혼자서 무언가를 계속하다 보면 가끔 불안해지기도 해요. 그럴 때, 누군가와 함께 있으면 나는 더 이상 혼자가 아니라는 생각이 들면서 마음 한켠이 든든해지지요. 우리는 그렇게 함께 있다는 감각을 원하는 거예요.

왜
혼자 있을 때
마음이 편해져요?

2단계
소소한 행복♡(철학을 하면 좋은 일이 생길지도 몰라)

외톨이로 보이고
싶진 않지만…

혼자 있을 때 누군가가 나를 외톨이로 보는 건 싫어요. 하지만 오늘은 혼자서 생각할 게 있어요. 다른 사람들과 함께 보내는 시간도 즐겁지만 때로는 혼자만의 시간도 필요하지요. 우리는 한 사람 한 사람 독립된 존재니까요.

더 깊이 생각하기

혼자서 자신의 목소리를 듣고 싶을 때가 있다

간혹 혼자 있고 싶을 때가 있나요? 다른 사람들과 함께 지내는 시간은 즐겁지만 문득 혼자 있고 싶을 때가 있어요. 누군가와 계속 함께 있거나 노는 것도 피곤한 일이니까요.

사람은 어느 한 가지만을 오랜 시간 동안 이어 할 수는 없나 봅니다. 깨어 있는 시간과 잠자는 시간이 나뉘고, 수다를 떠는 시간과 과묵한 시간이 다른 것처럼 말이지요. 그래서 다른 사람과 함께 있는 시간도 필요하고, 혼자 있는 시간도 필요해요.

우리는 언제 혼자 있고 싶어질까요? 나는 내 마음대로 하고 싶을 때가 그래요. 다른 사람과 함께 있으면 그 사람이 신경 쓰이고, 그 사람을 배려해야 하잖아요. 그렇게 다른 사람을 생각하다 보면 나 자신에 대해 생각할 시간이 자꾸 줄어듭니다.

2단계
소소한 행복♡(철학을 하면 좋은 일이 생길지도 몰라)

  천천히, 조용히, 나 자신하고만 이야기하고, 나 자신하고만 노는 시간을 갖고 싶을 때가 있어요. 아마 자신의 목소리를 듣고 싶은 거겠죠. 늘 들어 오던 다른 사람들의 목소리에서 벗어나, 정작 나는 어떻게 생각하고 무엇을 원하는지 알고 싶어해요.

  사람들 각자의 몸이 서로 독립되어 있는 것은, 진정한 자기 자신과 마주하기 위함일지도 모르겠어요. 기본적으로 우리는 혼자예요. 하지만 진정한 나 자신을 확인하고 나면 다시 다른 사람들과 함께하고 싶어집니다. 그런 식으로 반복하는 거예요. 홀로 있는 시간과 다른 사람들과 함께 있는 시간 사이를 왔다 갔다 하지요. 우리는 그렇게 살아가야 마음이 편안해지는 존재입니다. 깨어 있는 시간과 자는 시간을 왔다 갔다 하는 것처럼요.

철학을 하면 인기가 많아질까요?

2단계
소소한 행복♡ (철학을 하면 좋은 일이 생길지도 몰라)

멋있어지고 싶어

어떻게 하면 멋진 사람이 될 수 있을까? 깊이 생각해 보세요. 철학은 생각하기 위한 방법이니까, 생각하기를 배우면 멋있어지지 않을까요?

> 더 깊이
> 생각하기

철학으로 깊이 생각하는 힘을 기른다

 어떤 사람이 인기가 많을까요? 외모가 뛰어난 사람? 그런데 얼굴은 쉽게 바꿀 수 없어요. 패션 감각이라면 바꿀 수 있겠죠. 운동을 잘하는 사람? 이것도 운동 신경이 좋아야 해요. 하루아침에 운동을 잘할 수는 없어요. 마음이 따뜻한 사람? 흠, 이런 사람은 확실히 인기가 있겠군요. 머리가 좋은 사람? 뭐, 이런 사람도 인기가 많을 것 같고요.

 외모, 운동 신경, 따뜻한 마음씨, 똑똑한 머리, 이런 것들이 철학과 관련 있을까요? 똑똑한 머리는 관련 있을 수도 있겠네요. 하지만 국어, 수학, 과학 등 주요 과목을 잘한다면 이미 똑똑한

2단계
소소한 행복♡ (철학을 하면 좋은 일이 생길지도 몰라)

사람일 테니, 철학은 안 배워도 된다고 생각하나요? 그 밖에 외모, 운동 같은 다른 인기 요인도 철학과 아무런 상관이 없다고 생각하겠지요.

사실 외모, 운동, 따뜻한 마음씨, 그리고 똑똑한 머리까지도 전부 철학과 관계가 있답니다. 철학에서 필요한 능력이 국어나 수학 같은 주요 과목에서도 중요합니다. 왜냐고요? 어느 과목이든 생각을 깊이 해야지 좋은 점수를 받을 수 있거든요. 기계처럼 외우기만 해서는 안 된다는 말이에요.

그런 점에서 철학은 깊이 생각하기 위한 도구예요. 생각 도구를 잘 사용한다면 어느 과목에서든 좋은 점수를 받을 수 있어요. 그건 패션이나 스포츠도 마찬가지예요. 자신에게 잘 어울리는 게 뭔지 생각하고 옷을 고르거나, 나와 상대방의 특징을 면밀하게 분석해 경기를 치르면 좋은 결과가 나옵니다.

따뜻한 마음씨도 그래요. '사람들이 행복해지려면 내가 어떤 행동을 해야 할까?' 하고 깊이 생각하면 따뜻한 마음씨를 가질 수 있어요. 올바른 행동도 할 수 있고요. 그러니 철학을 하면 인기 있는 사람이 될 수 있지요.

철학을 하면 부자가 될 수 있어요?

철학은 공부가 아니에요. 잘 생각하기 위한 도구이지요. 철학을 하면 세계가 다르게 보여요. 그러니 부자가 될 수 있는 마법의 도구일지도 모르겠군요.

2단계
소소한 행복♡ (철학을 하면 좋은 일이 생길지도 몰라)

철학은 공부가 아니야?

헉!

> 더 깊이
> 생각하기

철학으로
당연한 것을 의심한다면
부자가 될 수도!

    네? 철학으로 돈을 번다고요? 보통은 말도 안 된다고 생각할 거예요. 여러분은 철학이 돈 버는 일과는 전혀 관계없는 줄 알았겠지만 분명 철학은 돈을 버는 데에도 도움이 됩니다.
    철학은 어려운 책을 읽거나 어려운 말의 의미를 생각하는 게 아니에요. 당연하다고 여기는 주장이나 사실을 의심하고, 다양한

2단계
소소한 행복♡(철학을 하면 좋은 일이 생길지도 몰라)

관점으로 파악하여 세계를 새로운 말로 표현하는 거예요.

철학을 하기 시작하면 컵이든 마스크든, 모든 사물이 지금과 다른 의미를 갖기 시작합니다. 여러분은 컵으로 물을 마시고, 마스크로 바이러스를 막는다고 생각하겠죠? 하지만 다르게 생각해 봅시다. 예를 들어 컵은 이 세계를 조금씩 나누어 담는 도구이고, 마스크는 의사소통할 때 쓰는 물건이라고 생각하는 거죠.

이것을 바탕으로 새로운 상품이나 서비스를 개발하면 돈을 벌 수 있어요. 실제로 미국이나 유럽에서는 철학을 공부한 사람이 회사에서 성공하여 부자가 되는 예가 많습니다. 그래서 철학이 발전한 거고요. 대표적인 예로 미국의 기업가 스티브 잡스가 있어요. 그는 대학에서 철학을 전공했죠. 대학 중퇴를 했으나 애플 사를 차려 창의적인 제품을 선보이며 많은 수익을 거두었어요.

우리는 어때요? 학교에서 철학을 배우고자 하는 사람도, 철학을 배울 수 있는 곳도 쉽게 볼 수 없어요.

하지만 괜찮아요. 이 책을 읽으면 철학이 뭔지 알 수 있으니까요. 여러분은 부자가 될 수 있을 거예요. 물론 '제대로 철학을 한다면'이라는 단서가 붙지만요.

왜 기쁘면 춤추고 싶을까요?

2단계
소소한 행복♡ (철학을 하면 좋은 일이 생길지도 몰라)

두둠칫!

기쁘면 몸이 저절로 들썩들썩 움직여요. 우리는 그 느낌을 더 느끼고 싶어서 움직임을 음악으로 만들어요. 그리고 그 음악에 맞춰 춤을 추는 거고요.

> 더 깊이
> 생각하기

흥분을 음악으로
바꾸기 때문에
춤을 춘다

    기쁜 일이 있으면 온몸으로 표현하고 싶어져요. "야호!"라고 소리칠 때, 두 손을 위로 쭉 뻗거나 박수를 치거나 어깨춤을 추지 않나요? 예컨대 운동 경기에서 점수가 났을 때, 시험에서 100점을 받았을 때 말이에요.

    왜 가만있지 못하고 몸을 움직여 기분을 표현하고 싶어질까요? 기쁜 일이 생기면 흥분돼요. 흥분하기 때문에 몸이 떨리는 걸까요? 그렇다면 떨리는 진동에 맞춰 몸이 움직이는 것일지도 모르겠군요. 심장 주변에서 퍼지는 진동은 머리에서 발끝까지 전해지니까요.

2단계
소소한 행복♡ (철학을 하면 좋은 일이 생길지도 몰라)

　떨림이 아주 크면 저도 모르게 몸을 들썩이기도 하고 춤을 추기도 해요. 그만큼 진동이 큰 것이겠죠. 아무렇게나 날뛰어도 될 텐데, 왜 춤을 출까요? 춤에는 리듬이 있잖아요. 혹시 리듬과 상관이 있을까요?

　진동에는 분명 무슨 리듬이 있나 봅니다. 그 리듬이 처음부터 음악은 아니었지만, 몸으로 흐르는 진동을 우리 자신이 음악으로 바꾸는 것이겠지요. 즐거운 음악으로요. 그러면 더욱 기뻐지니까요.

　나쁜 일이 생겨도 우리 몸은 떨려요. 무서워서 떨기도 하고, 추워서 떨기도 하지요. 그런 떨림은 빨리 멈추길 원해요. 반면에 기뻐서 흥분될 때, 그 떨림을 멈추지 않고 더 느끼고 싶어서 흥분을 즐거운 음악으로 바꾸는 건 아닐까요? 음악에 맞춰 몸이 춤을 추는 거지요. "야호!"라는 말은 바로 음악을 틀라는 신호예요.

왜 다들 유튜버가 되고 싶어 해요?

이거 봐,
재미있는 게 있어

이거 좀 보세요!

내 동생 진짜 대단해요!

2단계
소소한 행복♡(철학을 하면 좋은 일이 생길지도 몰라)

#다람쥐 #나뭇잎 비행기
'다람쥐 형아 채널' Vol.1
조회 수 1500회
C1489 D5

자신의 멋진 점, 자신이 좋아하는 것, 재미있어하는 것. 그런 것들을 많은 사람이 함께 봐 주면 기쁘지요. 자기와 같은 마음을 나눌 수 있는 친구들이 늘어난 것 같아서요.

> 더 깊이
> 생각하기

사람들에게 공감받으며 살고 싶어서

많은 초등학생들이 장래 희망으로 유튜버를 꿈꿔요. 내가 어릴 때는 그런 직업이 없었기 때문에 요즘 어린이들이 부럽기도 합니다. 옛날에는 어느 회사에 취직하면 계속 그 회사에서 일하는 것이 당연했어요. 요즘에도 직장인들은 회사가 정해 주는 일을 하면서 하루하루를 보내지요.

유튜버는 회사에 다니는 직장인들과 정반대로 지내요. 자신이 좋아하는 일을 하고, 그걸 영상으로 찍고 편집해서 유튜브에 올려 사람들에게 즐거움을 줍니다. 그렇게 올린 영상에 광고가 붙으면 돈을 벌 수 있고요. 한 사람

2단계
소소한 행복♡ (철학을 하면 좋은 일이 생길지도 몰라)

한 사람이 자기만의 방송국을 가지고 있다고 할 수 있지요.

좋아하는 일은 누가 강요하지 않아도 알아서 하죠? 놀이나 취미 활동은 누가 시키지 않아도 알아서 잘할 거예요. 공부도 좋아하는 과목이라면 스스로 잘하지 않나요? 평생 그렇게 좋아하는 것들만 하면서 살면 얼마나 즐거울까요. 그래서 많은 사람들이 유튜버가 되고 싶어 하나 봅니다.

물론 누군가는 자신을 표현하고 싶은 마음, 사람들에게 즐거움을 주고 싶은 마음만으로 동영상을 만들어 올리기도 해요. 그런 사람은 직업 유튜버로서 동영상을 만드는 것이 아니라 순수하게 즐기는 마음으로 활동한다고 생각해요. 그래도 혼자 즐기기보다 더 많은 사람이 자신이 만든 동영상을 보아 주기를 바라겠죠?

그런 사람들은 많은 이들에게 공감을 받고 싶어할 거예요. 자신이 대단하게 봤거나 재미있어 한 영상들을 다른 누군가와 공유하고, "그래, 맞아!", "좋은걸."이라는 반응이 온다면 기분이 무척 좋으니까요. 유튜버란 늘 그런 공감을 받으며 살아가는 사람이 아닐까요?

행복이 뭐예요?

이것만 있으면 행복해!
뭐, 이해가 안 된다고?

2단계
소소한 행복♡ (철학을 하면 좋은 일이 생길지도 몰라)

행복은 사람이 느끼는 여러 감정 가운데 하나예요. 행복을 느끼는 이유는 사람마다 달라요. 그 점이 문제이지요. 하지만 자기를 행복하게 해 주는 무언가가 있긴 있어요. 그 점에서는 모두가 똑같아요. 원하는 것이 다를 뿐이에요.

> 더 깊이
> 생각하기

행복이란
바라던 일이
이루어지는 것

　우리가 지금 아이스크림을 먹고 있다고 가정해 봅시다. '나는 지금 무척 행복해!'라고 생각했죠? 이렇게 맛있는 아이스크림을 먹고 있잖아요. 앗, 아이스크림을 별로 좋아하지 않아서 잘 모르겠다고요? 아이 참, 정말 왜 그래요. 행복은 누구에게나 똑같이 있다고요. 흐음, 어떻게 말해야 알 수 있으려나…….

　나는 늘 이렇게 쩔쩔맵니다. 내가 느끼는 행복을 잘 전달하지 못하니까요. 여러분도 '행복'한 기분이 어떤지는 어렴풋이 알 거예요. 행복은 맛있는 아이스크림을 먹었기 때문에 느끼는 게 아

2단계
소소한 행복♡(철학을 하면 좋은 일이 생길지도 몰라)

니라, 자신이 기분 좋다고 여기는 상태가 이루어졌을 때 느껴요.

기분 좋은 상태란 누군가에게는 아이스크림을 먹었을 때일 수도 있고, 누군가에게는 시험에서 좋은 점수를 받았을 때일 수도 있어요. 상황은 다르지만 모두 기분 좋은 상태인 것은 같아요. 마음이 주머니라고 한다면, 그 주머니가 가득 찼을 때 우리는 행복하다고 느끼지 않을까요? 만족이란 채워진 상태니까요.

시험 점수로 설명하면 이해하기 쉽겠군요. 다들 100점을 받으면 충분히 만족하죠? 네? 아니라고요? 아니, 왜 그렇게 청개구리인가요! 100점 이상은 받을 수 없잖아요! 공부하지 않고 요행으로 100점을 받을 땐 하나도 기쁘지 않다고요?

음, 그럴 법도 하네요. 죄책감까지는 아니지만 괜히 미안한 마음이 들 테니까요. 기분이 좋아지기 위해서는 자신이 처한 상황을 스스로 납득할 수 있어야만 해요. 마음 주머니가 그저 가득 차는 것만으로는 충분하지 않아요.

어쩌면 행복을 위해 우리가 진짜로 원하는 건 완벽하고 거창한 게 아니라 '이랬으면 좋을 텐데.' 정도의 희망 사항일지도 모르겠군요.

소크라테스

이 책 본문에 유일하게 이름이 나오는 철학자가 바로 소크라테스입니다. 고대 그리스 철학의 아버지라고 불리는 인물이지요. 이렇게 소개하면 엄청나게 위대한 사람이라고 생각할 수도 있지만 그냥 평범한 아저씨에 지나지 않답니다. 아버지의 석공소를 물려받아 젊은 시절에 잠시 석공 일을 했다는 말도 있고, 전쟁터에서 병사로 활약하기도 했답니다. 몸은 아주 튼튼했던 모양이에요.

그런 소크라테스는 어느 날 친구로부터 놀라운 말을 전해 듣습니다. 친구가 신전에서 "소크라테스가 이 나라에서 가장 지혜로운 사람이다."라는 신의 말씀을 들었다는 거예요. 소크라테스는 직접 확인해 보기로 했어요. 그럴 만도 합니다. 누구나 갑자기 그런 말을 들으면 믿을 수가 없잖아요.

소크라테스는 온 마을의 현자들을 찾아다니며 갖가지 질문을 던지고 대화를 해 보았습니다. 그들이 자신보다 지혜로운지 확인했던 거예요. 놀랍게도 그들 중에 본질을 정확히 이해하고 있는 사람은 단 한 사람도 없었다고 합니다. 결국 소크라테스는 단지 아는 척만 하던 현자들보다 자신의 무지를 인정하고 앎을 계속 추구하는 자기 자신이 더 지혜롭다는 사실을 깨닫고 철학자의 길을 걷습니다.

하지만 철학을 배우지 않은 소크라테스가 할 수 있는 것이라곤 아무나 붙잡고 질문 세례를 퍼붓는 것뿐이었습니다. 사람들 눈에는 수상하게 보였겠지요. 그래서 소크라테스의 부인은 "싸돌아다니지만 말고 일 좀 해!"라고 윽박지르며 물을 끼얹었었다고 합니다.

소크라테스는 부인이 뭐라고 하든 꿈쩍도 하지 않았습니다. "좋은 아내를 두면 행복할 테지만, 나쁜 아내를 두면 철학자가 될 수 있지."라는 말도 했대요. 하지만 소크라테스가 정말 그런 말을 했는지는 확인할 길이 없습니다. 과연 소크라테스답지요? 이 정도는 돼야 역사에 이름이 남는 건지도 모르겠습니다.

Socrates
소크라테스

기원전 470?~399
활동 지역 : 고대 그리스

3단계

철학으로 씩씩해지다

좌절을
겪었을 때

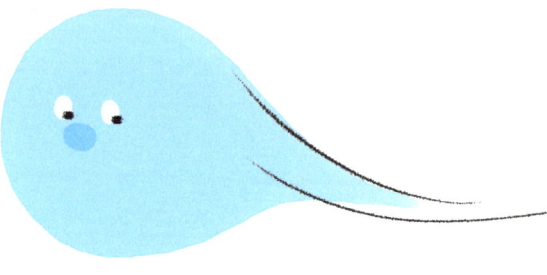

기운이 뭐예요?

왠지
아무것도 하고 싶지 않아

3단계
좌절을 겪었을 때(철학으로 씩씩해지다)

도통 무엇을 하려는 마음이 생기지 않는 이유는 기운이 없어서 그래요. 기운을 내려면 어떻게 해야 될까요? 일단 밥을 먹어 봐요. 조금은 기운이 나서 씩씩해질 거예요. 밥은 기운의 원동력이니까요.

> 더 깊이 생각하기

의욕을 불러일으켜 씩씩해진다

어제보다 기운이 샘솟는 날도 있고, 기운이 쭉 빠지는 날도 있지요. 왜 그럴까요? 배가 고프면 기운이 없어지고 배가 부르면 기운이 솟아오르니, 밥이 기운을 일으키기라도 할까요?

하지만 기운을 밥만으로는 설명할 수 없어요. 밥을 먹었어도 무언가 언짢거나 괴로운 일이 생기면 기운이 쏙 빠져요. 거꾸로 밥을 안 먹었어도 반가운 일이 생기면 나도 모르게 기운을 얻어 씩씩해지고요. 야단을 맞으면 풀이 죽고, 칭찬을 받으면 의욕이 생기듯이요. 말은 견디며 노력하게 만드는 기운을 주기도, 빼앗기도 하기 때문에 밥과 비슷합니다.

나에게 갑작스레 생긴 일도 마찬가지예요. 좋은 일은 나를 씩씩하게 하지만, 싫은 일은 기운을 빼앗아 가요. 기운이 없을 때는

3단계
좌절을 겪었을 때(철학으로 씩씩해지다)

기운을 내기 위한 밥이 필요합니다. 진짜 밥이든, 밥이 되는 말이든, 아니면 갑작스럽게 생긴 좋은 일이라도 다 괜찮아요.

대체 몸 어디로 그런 기운을 받는 걸까요? 배 속에 있는 위는 아니에요. 그럼 마음일까요? 하지만 마음이라는 장기는 없으니 온몸일까요? 아마 그럴 거예요. 기운은 온몸으로 받아들여요. 그래서 몸을 틈틈이 쉬어 주지 않으면 기운이 나지 않는 거예요.

기운은 중요해요. 무엇이든 하려면 기운을 내야 하니까 당연하겠죠? 그리고 보니 기운을 뜻하는 한자 氣(기운 기)에도 쌀을 뜻하는 한자 米(쌀 미)가 들어 있어요. 밥을 먹지 않으면 기운도 없고 의욕도 생기지 않는 게 확실한가 봐요. 공부하기 전에 먼저 밥을 먹어 둬야겠어요!

의기소침하다는 게 뭐예요?

3단계
좌절을 겪었을 때(철학으로 씩씩해지다)

아, 실망

실망을 했다는 건 기대를 했었다는 증거예요. 열심히 노력했기 때문에 좋은 결과를 기대하게 되지요. 그러니까 의기소침하지 않아도 돼요. 다시 열심히 하면 되니까요.

> 더 깊이
> 생각하기

부풀었던 기대가 꺾여
털썩 주저앉다

    일이 잘 풀리지 않으면 의기소침해져서 몸과 마음이 우그러드는 느낌이에요. 무엇이 우그러드는 걸까요? 우그러든다고 하면, 둥근 형태를 한 무언가가 움푹 패는 이미지가 떠오르는군요. 풍선을 떠올려 봐도 좋지만 풍선은 우그러든다기보다 전체가 다 오므라들지요.

    나는 풀이 죽거나 우그러들 때 내 일부분이 갑자기 사라지는 것 같아서 몹시 기분이 언짢아요. 내 몸의 일부가 푹 꺼져서 없어

3단계
좌절을 겪었을 때(철학으로 씩씩해지다)

지는 듯한 느낌 말이에요. 그래서 아주 크게 상처를 입지요.

내가 의기소침해질 때는 기대와 다르게 낮은 평가를 받을 때예요. 여기서 포인트는 '기대와 다르게'입니다. 나는 칭찬받을 줄 알고 마음이 한껏 부풀어 오른 상태예요. 그런데 형편없다는 평가를 들으면 기대가 큰 만큼 충격도 크죠. 우그러드는 것의 반대는 부풀어 오르는 거잖아요? 부풀었던 마음이 꺾일 때 의기소침해져요. 이럴 바에 차라리 마음이 부풀어 오르지 않으면 좋으련만 그게 잘 안 돼요.

무슨 일이든 열심히 했을 때는 "잘되겠어." 혹은 "잘되지 않을까?" 하고 기대하게 됩니다. 어쩌면 의기소침해져 우그러드는 것은 좋은 일일지도 모르겠네요. 그만큼 여러분이 열심히 하고 있다는 증거니까요.

열심히 하지 않을 때에는 마음도 기대도 부풀어 오르지 않으니 실망할 일도 없고 의기소침할 일도 없어요. 당연히 일이 잘되지 않을 때가 있겠죠. 그건 어쩔 수 없어요. 이따금 실망하고 의기소침해져도 우리가 열심히 하고 있다는 증거라고 생각하면 돼요. 우그러든 마음은 다시 부풀어 오르게 하면 되니까요.

왜 눈물이 나와요?

울고 싶지 않은데 저절로 눈물이 나와요

눈물을 보이면 안 될까요? 하지만 울고 나면 마음이 후련해져요. 눈물을 흘리는 것은 분명 좋은 일이에요. 슬플 때의 눈물도, 기쁠 때의 눈물도 다 좋아요. 가끔은 세상을 흐릿하게 볼 수 있는 눈물 필터가 필요합니다.

> 더 깊이 생각하기

눈물은 세상을 흐릿하게 보는 필터

슬프면 눈물이 납니다. 기쁠 때도 눈물이 나지요. 기쁨과 슬픔은 정반대의 감정인데 똑같이 눈물이 난다는 게 이상하지 않나요? 기쁨과 슬픔의 공통점은 둘 다 마음이 쥐어짜이는 느낌이 든다는 거예요. 슬플 때는 누군가가 억지로 내 마음을 꽉 잡고 비트는 것 같고, 기쁠 때는 누군가가 내 마음을 꼭 껴안아 주는 것 같아요.

마음이 쥐어짜이니까 눈물이 나오겠죠. 어쩌면 눈물은 마음을 가득 채우고 있는 물이 아닐까요? 많이 울면 눈물도 말라 버리지요. 슬플 때는 물론이고 기쁠 때도 펑펑 울고 나면 마음이 후련해지잖아요. 눈물을 많이 흘리면 마음속에 차 있던 물이 없어지겠네요. 그러니까 그 물은 없는 게 좋아요.

3단계
좌절을 겪었을 때(철학으로 씩씩해지다)

울면 안 된다고 말하는 사람이 많은데, 나는 가끔 울어야 좋다고 생각해요. 울고 나면 가슴이 뻥 뚫린 듯 시원해지니까요.

게다가 눈물을 흘릴 때는 세상이 흐릿해 보여요. 당연하죠. 눈앞에 눈물 필터가 생기니까요. 눈물 필터가 무슨 뜻일까요? 혹시 진짜 세상이 흐릿하게 보이도록 일부러 만들어지기라도 한 걸까요?

확실한 건 슬플 때는 세상을 제대로 보고 싶지 않다는 거예요. 눈앞이 아른아른거리며 흐릿해져야 더 예뻐 보이기도 하고요. 아까 마음속에는 물이 없는 게 좋다고 한 말을 오해하지 않았으면 좋겠어요. 그 물을 마음속에 가둬 두지 말고, 밖으로 더 많이 내보내는 게 좋다는 의미랍니다.

왜 일희일비해요?

이리저리 휘둘리고 있어

사소한 일에 기뻐하거나 슬퍼하는 자신이 싫다고요? 그건 그만큼 감정이 예민하다는 말이에요. 예민한 게 나쁠까요? 감정이 무디면 평소에 잘 모르다가 어느 날 갑자기 한꺼번에 상처받지 않을까요?

3단계
좌절을 겪었을 때(철학으로 씩씩해지다)

> 더 깊이
> 생각하기

감정이란 쿠션이
마음 깊은 곳을
보호해 준다

'일희일비'란 말을 아나요? 별것 아닌 일로 기뻐하다가 또 별것 아닌 일로 슬퍼하는 것을 말해요. 지나고 보면 그다지 신경 쓸 일도 아닌데 말이지요. 사소한 일로 이리저리 휘둘리다 보면 피곤하고 힘들지 않을까요?

그런 일을 좀 더 차분하게 마주하면 좋겠어요. 하지만 그건 쉽지 않아요. 인간에게는 감정이 있기 때문이죠.

감정이란 푹신한 쿠션 같은 덩어리예요. 단단한 블록과는 달라요. 이 쿠션은 슬픈 일이나 뜻밖에 생긴 사건으로 인해 우리가

3단계
좌절을 겪었을 때 (철학으로 씩씩해지다)

받을 충격을 대신 흡수해 주지요. 덕분에 안쪽 깊숙한 곳에 있는 중요한 것을 지켜 낼 수 있어요.

이 감정이란 쿠션이 지켜 주는 중요한 것은 바로 마음입니다. 감정도 넓은 의미에서는 마음의 깊숙한 곳이라고 할 수 있어요. 알기 쉽게 말하면 자기 자신을 가리켜요.

감정은 스스로를 지키기 위해 쿠션이 되어 줍니다. 좋지 않은 사건이 생기면 그것을 감정이 받아 내서 슬퍼하기도 하고, 화도 내는 거지요.

감정 덕분에 우리는 안전합니다. 감정이 외부에서 오는 충격을 받아 내지 않으면 마음은 깊은 곳까지 상처를 입으니까요. 마음은 그 깊은 곳까지 무척 섬세하답니다. 그래서 감정이라는 쿠션의 역할이 중요한 거예요.

일희일비한다고요? 그건 감정이 제대로 일하고 있다는 증거예요. 매일 마주하는 사건들 때문에 마음 깊은 곳이 다치지 않도록 말이죠.

자고 나면 나쁜 일을 잊어버려요?

3단계
좌절을 겪었을 때(철학으로 씩씩해지다)

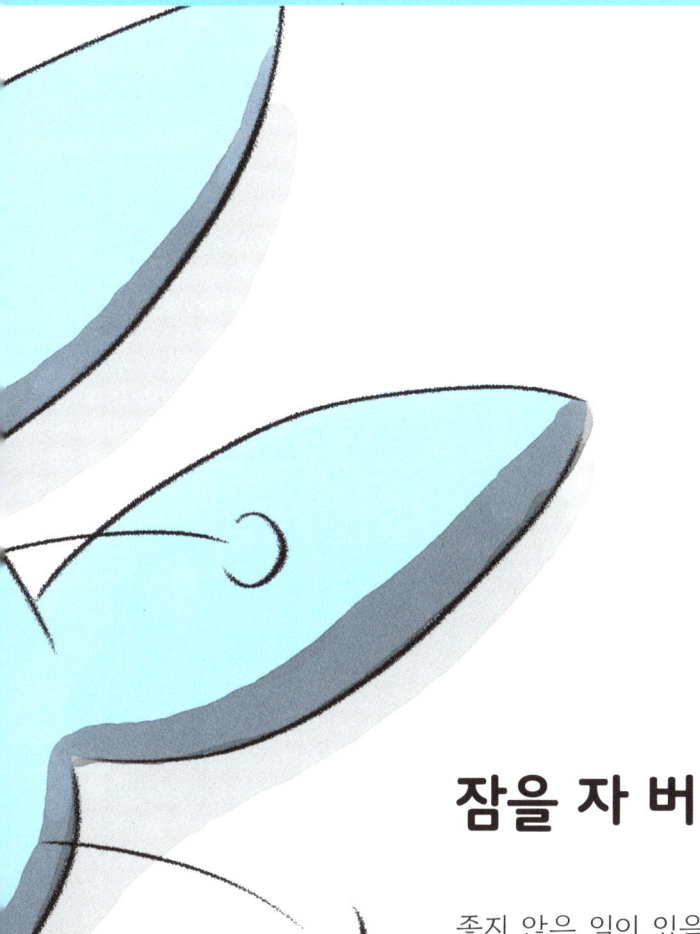

잠을 자 버린다

좋지 않은 일이 있을 때는 잊어버리려고 잠을 자기도 해요. 한숨 푹 자고 나면 기분이 달라지고, 다른 하루가 시작되니까요. 새로운 자신이 되어 다시 시작할 수 있을 것 같은 느낌이 들잖아요. 어쩌면 정말로 새로운 자신이 되어 있을지도 몰라요.

> 더 깊이
> 생각하기

자고 일어날 때마다
새로운 나로 태어난다

　화가 나면 이불 속으로 들어가 버려요. 자면서 싹 잊으려고요. 어째서 잠을 자면 잊을 수 있을까요? 자는 동안 기억이 새롭게 만들어지기라도 할까요? 하긴, 시간이 흐르다 보면 기억이 희미해지긴 하지요.

　예컨대 아침에 일어난 일은 밤까지도 또렷이 기억할 수 있어요. 아침부터 밤까지도 꽤 긴 시간이죠. 하지만 밤에 푹 자고 다음날

3단계
좌절을 겪었을 때(철학으로 씩씩해지다)

아침이 되면 전날 아침에 무슨 일이 있었는지 잘 생각이 안 나요.

꿈을 꾸기 때문일까요? 꿈은 현실과 완전히 다른 세계이기 때문에 마치 다른 삶을 사는 듯한 느낌에 사로잡힙니다. 현실의 자신과는 완전히 다른 생각을 하고, 다른 생활을 하지요. 아, 물론 현실에서 잔뜩 신경 쓰이는 일들이 꿈에 나오기도 하지만요.

그렇다면 머릿속을 다른 것들로 채우면 어떨까요? 깨어 있는 동안 기분 전환을 하거나 다른 일들에 집중하다 보면 그전까지 머릿속에서 떠돌던 생각들을 쉽게 잊을 수 있어요.

하지만 한숨 자는 것만큼 효과가 좋은 건 없어요. 혹시 우리는 잘 때마다 새롭게 태어나는 걸까요? 잠을 통해 우리가 다시 태어난다고 생각하면 앞뒤가 맞아떨어져요.

만일 우리가 다시 태어난다면 이전의 기억도 잊어버릴 테니까요. 잠에서 깨어났을 때는 그렇게 남아 있는 기억이 좀 더 많을 뿐이지요.

그래요, 나쁜 일들은 싹 잊고 오늘도 다시 태어나기로 해요!

시간이 해결해 준다는 게 무슨 말이에요?

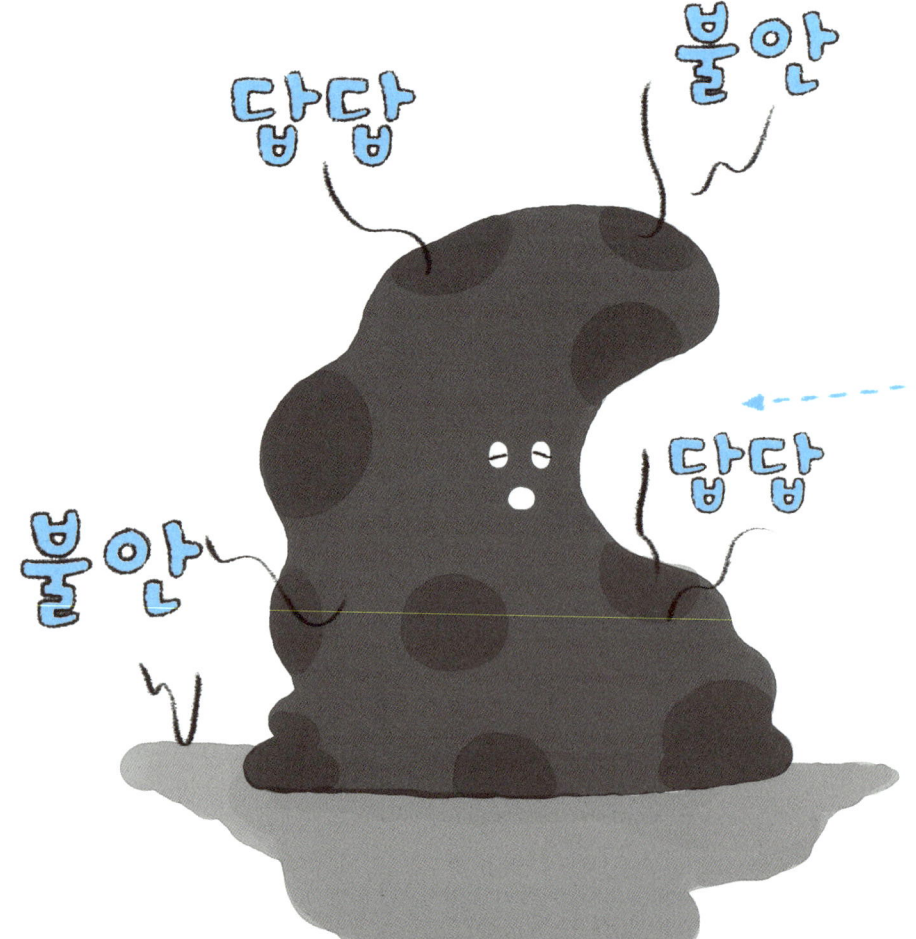

**3단계
좌절을 겪었을 때(철학으로 씩씩해지다)**

잊고 싶은데 잊히지 않아

도무지 어찌할 수 없는 일을 해결하는 데는 시간밖에 없다는 뜻으로 시간이 해결해 준다고 말해요. 하지만 시간만 흘러가게 내버려 두고 우리는 아무것도 하지 않는다면 달라지는 건 없어요. 그러니까 새로운 일을 하는 게 좋아요. 그럼 저절로 시간이 흘러갈 테니까요.

> 더 깊이
> 생각하기

새로운 경험이
마음을 강하게 한다

　자고 일어나도 기분이 바뀌지 않고 도무지 어찌할 수 없는 일들이 있어요. 답답하고 불안한데 스스로 할 수 있는 일이 없다던가, 슬프지만 되돌릴 수 없는 일. 그런 일 때문에 힘들어할 때면 주위 사람들은 시간이 해결해 준다는 말을 합니다. 나는 그런 말을 하는 사람에게 꽥 소리치고 싶어요. "무슨 바보 같은 소리야!"

　고난과 시련 앞에서는 시간이 해결해 준다는 말이 귀에 들어오지 않아요. 괴로워서 죽을 것만 같잖아요. 아니면 '시간 해결사'라

3단계
좌절을 겪었을 때(철학으로 씩씩해지다)

도 있는지 묻고 싶어지지요. 시간 해결사가 정말 있다면 돈을 내서라도 나를 괴롭히는 어려운 일을 맡겨 버리고 싶습니다. 문제는 시간은 보이지도 않고 대답도 해 주지 않는다는 거예요. 그래서 우리는 아무것에도 의지하지 못하고 그저 불안한 채로 기다릴 수밖에 없어요.

시간이 해결해 준다는 말은 하루하루 지나면서 마음이 안정된다는 뜻이에요. 그건 괴로웠던 기억이 희미해진다는 말일까요? 꼭 그렇지는 않아요.

점차 시간이 지나면서 우리는 일상으로 돌아와 다양한 일을 하고 새로운 경험도 하게 돼요. 바로 이것이 중요합니다. 아무것도 하지 않는다면, 시간이 아무리 많이 지나도 계속 그 일만 생각하며 살 테니까요.

새로운 경험을 하면서 우리 마음은 강해질 수 있어요. 나쁜 일, 슬픈 일을 겪고도 희망을 버리지 않고 꿋꿋하게 열심히 살아가는 사람을 만나 용기를 얻거나 지나간 일은 어쩔 수 없다고 받아들이게 될 테지요. 결국 그 누구도 해결해 줄 수 없는 일을 해결해 주는 것은 시간이 아니라 나의 경험인 셈입니다. 그렇기 때문에 끊임없이 무언가를 시도해야 하는 거예요.

왜 욕을 해요?

에잇,
말하지 말걸

3단계
좌절을 겪었을 때(철학으로 씩씩해지다)

욕은 아무튼 기분 나빠요. 듣는 것도 싫지만 자기 입으로 내뱉는 것도 기분 나빠요. 그런데도 여러분이 욕을 했다면 욕을 하지 않고는 도저히 견딜 수 없었나 봅니다. 그래도 욕을 했을 때는 반드시 상대방에게 미안하다고 사과하도록 해요.

> 더 깊이
> 생각하기

욕으로 자신을
지키려 한다

남에 대한 욕이나 험담은 듣는 것도 싫지만, 내 입으로 말하는 것도 듣는 것 못지않게 싫어요. 그만 입 밖으로 욕을 내뱉었다가 나중에 후회도 되고요. 그럼 애초에 욕을 하지 않으면 좋으련만, 나도 모르게 욕을 하게 돼요. 자신 안에 있는 심술궂은 부분이 욕으로 튀어나오는 거지요.

사람은 모두 마음속에 심술보를 가지고 있고, 그게 터질 때가 있어요. 누군가에 대해 나쁘게 말하면 속이 시원해지니까요. 이렇듯 모두들 자신 안에 무언가 불만이 있는 모양이에요.

누군가가 그 애는 예쁜 척한다던가, 그 녀석은 짠돌이라고 험담을 한다면, 그건 그 아이들의 평판을 깎아내려서 자기 자신의 입지를 높이려는 의도라고 생각해요. 이런 말을 하는 건 자신이 하는 일이 잘 풀리지 않는다는 증거예요. 그게 아니라면 굳이 자신의 평판을 높이겠다고, 남을 헐뜯을 필요가 없을 테니까요.

마음이 건강하고 자신감이 있다면 남을 깎아내리지 않고도 얼마든지 자기 평판을 높일 수 있습니다. 자신감이 없고 자기 스스로를 부족하다고 느낄 때 남 욕을 합니다. 자신은 바꿀 수 없는 상태이니 다른 사람의 이미지를 나쁘게 해서라도 어떻게든 자신을 지키려는 거예요.

참 지질하죠? 자기 자신도 그걸 알기 때문에 험담을 하고 나면 기분이 영 찜찜해져요. 여러분도 자신을 지키기 위해서 저도 모르게 남을 헐뜯거나 욕을 했다고요? 그렇다면 욕한 상대에게 미안하다고 사과하는 수밖에 없습니다. 달리 방법이 없어요. 상대방도 사람은 다 똑같다고 생각하고, 분명 이해해 줄 테니까요.

상처받는다는 게 뭐예요?

어떻게 그런 말을 해!
정말 너무해!

3단계
좌절을 겪었을 때(철학으로 씩씩해지다)

말하거나 행동하기 전에 먼저 상대방의 입장을 충분히 생각해야 해요. 사람의 마음은 매우 상처받기 쉬우니까요. 누구든 자신을 지탱하는 마음이 상처받으면 일어설 수 없을 정도로 무너져 내리지요.

> 더 깊이
> 생각하기

상처받는 건
자신의 기틀이
무너지는 것

    날카롭거나 심한 말을 들으면 상처를 받아요. 어디에 상처가 나느냐고요? 당연히 마음이죠! 마음은 너무나 섬세해서 조금이라도 심한 말을 들으면 상처 입고 아파해요. 어떤 말에 상처를 입는지는 사람마다 다르지만요.

    내 마음은요, 인격을 부정당하는 말을 들으면 상처를 입어요. 생각해 봐요, 인격이라고요! 자기 의견이 무시당하거나 받아들여지지 않는 것은 괜찮지만, 아니 어쩔 수 없지만, 인격은 이야기가

3단계
좌절을 겪었을 때(철학으로 씩씩해지다)

달라요. 사람마다 의견은 다를 수 있어요. 그래서 의견이 다르면 서로 대화를 나누면서 차이를 좁혀 나가면 됩니다.

하지만 인격이란 그 사람의 성격이나 성품, 다시 말해 그 사람이 사람으로서 인정받는 밑바탕과도 같아요. 그것을 두고 "한심해.", "넌 틀렸어."라고 말하는 것은 그 사람이 살아가는 기틀을 무너뜨리는 것과 다름없어요. 당신의 존재 자체가 틀렸다는 말과 같은 거지요.

충격이죠? 자신의 존재가 틀렸다니요. 그 정도까지는 아니라도, 사람은 역시 자신의 존재를 부정당하기 때문에 상처를 받는다고 생각해요. 예컨대 외모를 생각해 보세요. 누군가의 얼굴을 두고 못 봐 주겠다고 쏘아붙였다면요? 얼굴은 우리가 자기 자신으로 존재하는 바탕 중에 하나이고, 쉽게 바꿀 수도 없어요.

우리는 작은 일로도 상처를 받아요. 그런 상처가 거듭되면 나를 나일 수 있게 하는 기틀이 무너지고요. 그러다 결국 일어설 수 없게 됩니다. 마음은 한번 상처받으면 여간해서는 잘 낫지 않아요. 그 상처가 아물지 않고 남아 있는 경우도 있고요. 그것을 '트라우마'라고 합니다. 트라우마를 견디는 것은 몹시 힘들다고 해요. 그러니 서로가 상처를 주지 않도록 주의하면 어떨까요?

야단맞은 날엔 어떻게 하면 좋아요?

하아,
왜 그런 일을
해 버렸을까

3단계
좌절을 겪었을 때(철학으로 씩씩해지다)

야단맞을 때는 언제나 자신이 잘못했다는 것을 알아요. 그래서 무안하고 부끄러워요. 자기 자신이 싫기도 하고요. 하지만 싫어진 자신과 화해해야 해요. 같은 잘못을 저지르지 않기 위해서 말이에요.

> 더 깊이
> 생각하기

야단맞은 날엔 자신과 화해한다

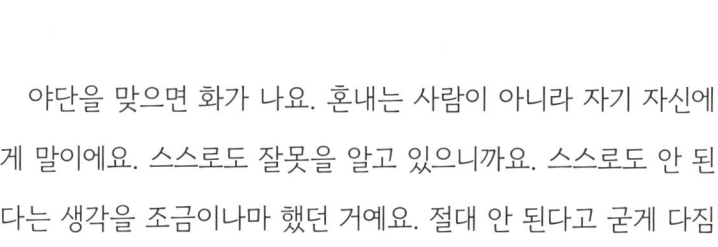

야단을 맞으면 화가 나요. 혼내는 사람이 아니라 자기 자신에게 말이에요. 스스로도 잘못을 알고 있으니까요. 스스로도 안 된다는 생각을 조금이나마 했던 거예요. 절대 안 된다고 굳게 다짐했다면 혼날 일은 하지 않았겠지요.

주변 분위기에 휩쓸리거나 될 대로 돼 버려라는 마음으로 그만 잘못을 저질렀을 때 꾸중을 들어요. 마음이 찜찜하지요. 참아 내지 못한 것이 후회되고 그런 자신이 부끄러워져요.

3단계
좌절을 겪었을 때(철학으로 씩씩해지다)

결국 고개를 숙이고 "잘못했어요."라고 말할 수밖에 없어요. 가끔은 "어쩔 수 없었어요."라고 말할 때도 있지만 돌아오는 것은 핑계 대지 말라는 꾸지람뿐일 거예요. 맞아요, 잘못한 일에도 다 이유가 있어요. 그래서 또 "잘못했어요."라고 말할 수밖에 없지요.

잘못을 해 야단맞은 날에는 조용히 보내는 게 좋아요. 기분을 풀기 위해 다른 놀이나 경험을 해도 좋겠지만, 그런 날에는 으레 자신이 미워지는 법이고 미운 나 자신과 화해부터 해야 하니까요. 그것을 우리는 '반성'이라고 말해요. 야단맞는 자리에서도 "반성합니다."라고 말하지만 정말로 반성을 하려면 혼자서 차분하게 생각하는 것이 먼저랍니다.

자신이 저지른 일을 다시금 되돌아보고, 왜 그렇게 행동했는지 생각해 보는 거예요. 반성이 중요한 이유는 같은 실수를 다시 하지 않기 위해서예요. 같은 잘못을 또 저질러 꾸중을 들으면 자신이 더 싫어질 테니까요. 그리고 자신과 확실하게 화해했다면 야단친 사람에게 고맙다고 전해 줘요. 실제로 말하지 못하겠다면 마음속으로만 해도 되고요.

아, 속상해…

발표회 때 실수했어….

어떨 때 실망해요?

비 때문에 캠핑이 취소됐대….

3단계
좌절을 겪었을 때(철학으로 씩씩해지다)

실망하는 건 기대를 했기 때문이에요. 하지만 또 기회가 있으니 그때를 대비해서 열심히 해 봐요. 무슨 일이든 실망한 채로 끝낼 수는 없잖아요. "야호, 해냈어!"라고 외치면서 끝내야죠.

> 더 깊이
> 생각하기

열심히 했기 때문에
실망한다

    실망과 절망은 비슷하면서도 달라요. 절망보다 실망하는 편이 더 가볍지요. 무언가 기대를 품었는데 그것이 잘되지 않아서 실망을 하는 거지요. 하지만 그렇게 큰 기대는 아니었기 때문에 기대만큼 이루어지지 않아도 낙담하거나 절망하지는 않아요.

    그래서 실망했을 때는 어디까지나 "아, 속상해." 정도로 끝납니다. 잠깐 풀이 죽어 있다가 툴툴 털고 일어서는 거지요. "뭐, 어

3단계
좌절을 겪었을 때 (철학으로 씩씩해지다)

때." 하며 극복할 수 있어요. 그리고 "다음에 잘해 보자." 하는 마음이 되는 거예요. 네, 기회는 또 있으니까요.

나는 내가 투표나 추첨에서 뽑힐 줄 알았는데 그만 떨어졌을 때 실망해요. 아마 내가 반드시 뽑힐 거라고 믿었거나, 앞으로 뽑힐 기회가 전혀 없다면 몹시 낙담할지도 몰라요. 하지만 그 어떤 기대도 100퍼센트 이루어지지는 않아요. 더욱이 살다 보면 기회란 몇 번이고 다시 찾아오니까요.

어떤 기회 앞에서 기대를 걸었지만 실패했다 하더라도, 비슷한 기회가 생겼을 때 열심히 노력하면 돼요. 그렇게 생각하는 사람은 절망하는 경우가 드물어요. 아주 잠깐만 실망하면 되니까요. 그러고는 금세 일어나서 기운을 차리고 새롭게 도전을 하지요. 그래요, 실망하는 사람은 다음 기회를 내다보는 사람이에요.

우리는 무언가에 도전하며 열의를 불태워요. 도전해도 늘 기대한 대로 되지는 않기 때문에 종종 실망도 하고요. 하지만 열심히 하려는 마음이 있으니 다시 일어설 수 있어요. 그리고 언젠가는 크게 성공할 거예요. 실망한다는 것은 분명 크게 성공할 조짐이에요. 여러 번 실망했다고요? 성공이 바로 코앞이라는 증거예요.

기분은 왜 매일 달라져요?

오늘은 기분이 좋아 보인다고 들었어

3단계
좌절을 겪었을 때(철학으로 씩씩해지다)

기분은 좋을 때도 있고 좋지 않을 때도 있어요. 기분은 그날그날 달라요. 매일이 새로운 날이니까요. 좋은 일이 있는 날은 좋아요. 나쁜 일이 있는 날은 싫고요. 기분이 좋을지 나쁠지는 그날이 되지 않으면 알 수 없지요.

> 더 깊이
> 생각하기

하루하루
살아가는 것 같아도
살아지고 있다

'날'이 뭘까요? 어제, 오늘, 내일 같은 날 말이에요. 그날의 기분이 다르다는 것은 어제의 기분과 오늘의 기분이 다르다는 뜻이에요. 어제는 칭찬받아서 기분이 좋았지만 오늘은 시험을 망쳐서 기분이 별로 좋지 않을 수도 있어요.

3단계
좌절을 겪었을 때(철학으로 씩씩해지다)

매일매일 여러 가지 일이 생기고, 그 일들에 따라 기분도 달라지지요. 하지만 하루에 딱 한 가지 일만 일어나진 않잖아요. 아마 여러 가지 일 중에서도 가장 중요한 사건이 기분에 영향을 크게 미치지 않을까요? 아니면 하루에 일어난 일들이 차곡차곡 쌓여 그날의 기분을 만들까요? 어쩌면 그날뿐 아니라 그 전날에 있었던 일들, 앞으로 생길 일들과도 관련 있을지도 몰라요.

만약에 매일 완전히 똑같은 일들만 일어난다면 어떨까요? 그러면 하루하루가 늘 똑같은 기분일까요? 그건 있을 수 없는 일이라고요? 아니, 무인도에서 매일 똑같은 날을 보낸다면 있을 수 있다고요?

하지만 그런 경우라도 그날그날의 기분은 왠지 다를 것 같군요. 날씨도 달라질 테고, 나이도 먹어 갈 테니까요. 역시 완전히 똑같은 날들이란 있을 수 없어요.

인간은 변화하는 환경 속에서, 흘러가는 시간 안에서 살아가요. 그래서 우리는 그날그날을 다른 기분으로 살아갈 수밖에 없는 존재일 테지요. 인간이란 스스로 살아가는 것 같아도 실은 살아지고 있다는 것을 어렴풋이 깨닫게 됩니다.

아무것도 하고
싶지 않을 때는
어떻게 하면
좋아요?

3단계
좌절을 겪었을 때(철학으로 씩씩해지다)

오늘은 안 할래,
다음에 하지 뭐

아무것도 하고 싶지 않을 때가 있나요? 머리로는 움직여야지 생각하지만 몸이 말을 듣지 않는 날이요. 그럴 때는 몸이 힘을 내도록 할 수밖에 없어요. 건강한 몸을 만들어서 기분까지도 덩달아 좋게 하는 거지요.

더 깊이 생각하기

의욕이 나지 않을 때는 몸을 즐겁게 해 준다

　가끔은 아무것도 하기 싫을 때가 있어요. 공부는 물론이고 친구와 노는 것조차 귀찮지요. 심하면 혼자서 무언가를 하는 것조차 싫어져요. 어쩔 수 없어요. 인간은 기분에 의지해 살아가는 존재니까요.

　마음이 우울하면 몸이 건강해도 움직이기가 쉽지 않아요. 아니 잠깐만요, 그때 몸은 정말로 건강할까요? 몸이 건강하다면 움직이고 싶지 않을까요? 그렇다면 꼼짝하기 싫을 때, 사실은 건강하지 않은데 건강하다고 착각하고 있을지도 몰라요.

　'모든 병은 마음에서 비롯된다'라는 말이 있어요. 마음이 아프면 몸도 아프다는 뜻이지요. 돌이켜 보면, 걱정거리가 많을 때 배나 머리가 아프곤 했어요. 정말 몸과 마음은 이어져 있을까요?

3단계
좌절을 겪었을 때(철학으로 씩씩해지다)

어찌 보면 당연한 말일지도 몰라요. 마음도 몸 안에 있으니까요. 마음이 몸의 어디에 있는지는 확실하지 않지만 적어도 몸 밖에 있지 않다는 건 분명해요.

반대로 생각해 볼 수도 있겠죠? 몸이 아프면 마음이 우울해진다고요. 그렇다면 몸을 건강하게 만들면 기분도 좋아지지 않을까요? 의욕도 생기고요.

목욕을 하고 나니 기분이 상쾌해졌거나 푹 자고 났더니 마음이 산뜻해진 경험이 있을 거예요. 바로 그거예요! 몸에 좋은 자극을 주면 의욕이 생깁니다. 이렇게 다양한 방법을 시도하면서 몸을 즐겁게 해 주면 어떨까요? 의욕이 나지 않는 것은 몸이 보내는 구조 신호라고 생각하고 말이에요.

웃으면 기분이 좋아져요?

여러분은 어떨 때 웃나요? 기쁠 때나 즐거울 때? 다시 말해 기분이 좋을 때 웃죠? 거꾸로 웃어서 기분이 좋아질 때도 있어요. 진짜로 웃으면 기분이 좋아져요. 속는 셈 치고 한번 웃어 보세요. 우하하하! 어때요, 왠지 기분이 좋아지는 것 같죠?

3단계
좌절을 겪었을 때(철학으로 씩씩해지다)

우하하하!
우하하하!

> 더 깊이
> 생각하기

웃으니까 마음이 밝아진다

　표정이나 분위기가 밝은 사람은 늘 웃는 얼굴이죠? 참 부럽군요. 그 사람들은 행복할 거예요. 좋은 일만 가득할 거고요. 나한테는 온통 언짢은 일뿐인데. 그래서 내 낯빛이 늘 어두워요. 주변 사람들한테 얼굴에 불만이 잔뜩 묻었다는 말을 들어도 어쩔 수 없어요. 나한테는 좋은 일이 없으니까요. 좋은 일이 없는 게 내 탓도 아닌데 어쩌겠어요.

3단계
좌절을 겪었을 때(철학으로 씩씩해지다)

내가 아는 사람 중에 언제 봐도 표정이 밝은 사람이 있는데, 참 이상해요. 그 사람이라고 항상 좋은 일만 있는 것도 아닐 텐데, 어떻게 늘 웃고 다닐까요?

궁금함을 참지 못해서 그 사람에게 물어본 적이 있답니다. 어떻게 그렇게 한결같이 밝은 모습이냐고. 그랬더니 그 사람이 대답하길, 싫은 일이 있어도 웃으며 사는 거라고, 기뻐서 웃는 것은 아니라고 하더군요.

그 말을 들으니까 마음이 조금 놓였어요. 싫은 일을 맞닥뜨리고서도 마음을 기쁨으로 채우는 건 역시 어려우니, 다만 어두운 얼굴만 하지 않으려고 웃는 걸 알았거든요. 정말 대단하지 않나요? 웃는 얼굴을 하고 있다 보면 싫은 일은 어느새 잊어버리는 모양이에요.

어쩌면 마음이 밝아서 웃는 게 아니라 웃어서 마음이 밝아지는 건지도 모르겠습니다. 웃으면서 화를 낼 수는 없고, 웃으면서 시무룩하게 있을 수도 없으니까요. 여러분도 한번 해 보세요. 틀림없이 자신의 그런 행동이 이상해서 웃음이 날 테니까요.

철학자는 마음을 구원해 주나요?

비나이다 비나이다 제발요!

3단계
좌절을 겪었을 때(철학으로 씩씩해지다)

안녕하세요, 철학입니다.
도와주러 왔습니다~

너무 괴롭고 힘든 일이 있을 때는 부모님이나 친구에게 고민을 털어놓거나 종교의 힘을 빌리기도 하지요? 왜 철학자에게는 부탁하지 않아요? 철학자는 고민이나 괴로움의 원인을 찾아 주는 일도 도와주는데 말이에요.

> 더 깊이 생각하기

철학자는 고민이나 괴로움의 원인을 찾는 데 도움을 준다

마음이 괴로울 때는 누구에게 도움을 받나요? 부모님이나 친구라고요? 주위에 좋은 사람이 있어서 다행이군요. 그리고 또 없나요? 아, 떠오르지 않는다고요? 이런, 눈앞에 철학자가 있는데…….

철학자는 의지가 안 된다고요? 무슨 소리를 하는 건가요! 그건 오해예요. 여러분이 만날 기회가 없어서 모르는 것뿐이에요. 잘 들어 보세요. 오랜 옛날부터 철학자들은 사람들의 고민을 들어 주는 역할을 했어요. 오늘날에야 철학자들이 연구를 주로 하지만 옛날에는 그러지 않았답니다.

3단계
좌절을 겪었을 때(철학으로 씩씩해지다)

　나도 철학자이지만 이곳저곳에서 인생 상담을 해 주고 있어요. 철학이 하는 일 중에 하나는 사물이 생겨난 질서를 찾아 그 정체를 밝히는 거예요. 그래서 고민의 정체도 확실하게 밝혀 줍니다. 정확히 말하면 고민하는 사람이 스스로 고민의 정체를 알아내도록 도와주는 거예요.

　왜 답을 바로 가르쳐 주지 않느냐고요? 그건 스스로 고민할 수 있는 기회를 빼앗을 수도 있으니까요. 그러면 문제를 해결하기보다는 덮어 두는 것에 가깝지요. 예컨대 괴로움에 빠져 있을 때는 남이 한 말을 무턱대고 받아들이곤 하잖아요.

　그래서 고민의 정체를 스스로 찾아봐야 해요. 철학자는 고민을 듣고 원인이 무엇인지, 어떻게 하고 싶은지 등등을 질문하면서 상대방으로 하여금 문제의 본질을 깨닫도록 이끌어요. 그러니 앞으로 철학자는 의지되지 않는다고 말하지 말기를!

철학자는 움츠러들지 않아요?

참,
별난 사람이야

3단계
좌절을 겪었을 때(철학으로 씩씩해지다)

철학자는 별나다는 말을 곧잘 들어요. 뭐든 다 알고 있으니 주눅 들 일이 없겠다고요? 전혀 그렇지 않답니다. 철학자도 인간이니까요. 하지만 원인을 알려고 하기 때문에 곧바로 주눅 들기 이전 상태로 돌아올 수 있어요.

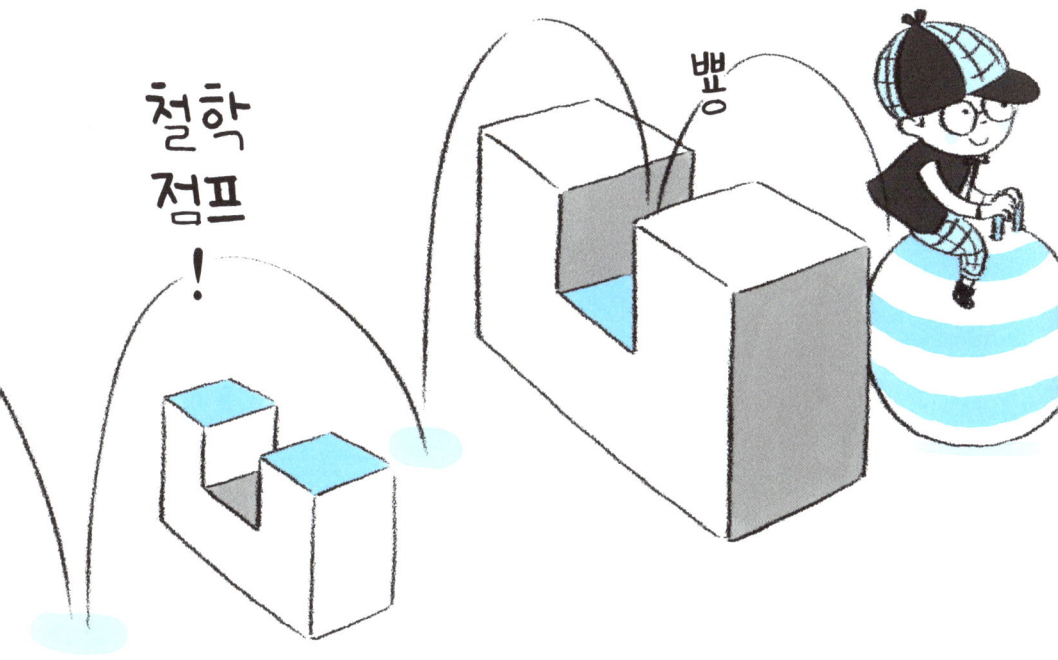

> 더 깊이
> 생각하기

철학자는
움츠러들어도
금세 부풀어 오른다

    이제 철학자가 좀 다르게 보이나요? 처음에는 꽉 막힌 괴짜라고만 생각했죠? 그런데 이제는 철학자도 꽤 인간적이란 걸 알게 되었을 거예요. 여러분과 마찬가지로 기쁜 일이 있을 때는 한없이 즐겁고, 나쁜 일이 있을 때는 화도 나고 우울합니다.

    의외라고요? 철학자도 우울해하고 좌절하기도 합니다. 인간이니까요. 다만, 좌절하고 있는 시간이 훨씬 짧다고 할 수는 있어요. 철학이 하는 일 중에 하나는 사물이 생겨난 질서를 찾아 그 정체를 밝히는 거라고 앞에서 말했죠? 그렇기 때문에 언짢은 일이 있어도 금방 회복한답니다. 일단 우울에 빠져도 금세 '잠시만'

3단계
좌절을 겪었을 때 (철학으로 씩씩해지다)

하고 생각하게 돼요. 안 그러면 충격이 온몸을 잠식하니까요. 빨리 대책을 마련하는 것이 중요하잖아요. 대개는 곧바로 대책을 떠올리는 게 잘 안 될 거예요. 하지만 철학자는 대책을 생각하는 방법을 잘 알고 있지요.

그 방법이 바로 철학 하기예요. 다시 말해, 사물의 정체를 파악하는 거지요. 우울한 원인을 꼼꼼하게 분석해요. 그 원인에는 상대방이나 문제 그 자체 외에 자기 자신도 포함됩니다.

예를 들면, 여러분이 한 말 때문에 어떤 친구가 상처받았다고 해 봐요. 그런 얘기를 전해 들으면 우울해지죠? 곧바로 나의 어떤 말이 잘못되었는지, 친구는 어떤 상황이었는지, 그 말을 어떤 상황에서 했었는지 등을 따져 봐요. 그렇게 하면 원인을 알 수 있고, 반성하거나 사과하거나 때로는 오해를 풀 수도 있어요. 울적하게 있어 봐야 아무것도 달라지지 않으니까요. 그 대신에 적극적으로 행동하는 거예요. 그래서 철학자는 움츠러들어 있어도 금세 다시 부풀어 오른답니다.

위대한 철학자의 괴짜 전설 2

임마누엘 칸트

"칸트 이전의 모든 철학이 칸트로 흘러들어가고, 칸트에게서 흘러나온다."라고 할 정도로 근대 독일의 철학자 임마누엘 칸트는 뛰어난 사람입니다. 고대 그리스 이후의 철학이 해결하지 못한 많은 문제들을 칸트가 정리하였고, 그 이후의 철학도 칸트의 영향을 많이 받았다는 의미니까요!

Immanuel Kant
임마누엘 칸트

1724~1804
활동 지역 : 독일

실제로도 대단한 사람입니다. 칸트는 먼저 인간이 사물을 이해하는 방법에 대해 멋진 말을 했습니다. 이를테면 눈앞에 컵이 있을 때, 거기에 컵이 있기 때문에 우리는 '아, 손바닥 크기의 투명한 용기가 있어.'라고 생각합니다.

하지만 칸트는 반대로 생각했습니다. '눈앞에 손바닥 크기의 투명한 용기밖에 보이지 않기 때문에 그것을 컵이라고 부르기로 했다.'라고요. 다시 말해, 컵이라는 것이 처음부터 있는 게 아니라 인간에게는 컵밖에 보이지 않을 뿐이라는 것입니다. 보이지 않을 뿐이지 사실은 컵에 날개가 달렸을지도 모르겠군요?

또한 칸트는 "옳은 일은 무조건 해야 한다."라고 말합니다. 거짓말은 절대 하면 안 된다는 뜻이지요. 설령 친구가 죽게 되더라도 말이에요. 그 정도면 지나치게 엄격하지 않나요?

칸트는 시간에도 매우 엄격해서 매일 정해진 시간에 산책한 것으로 유명했던 모양입니다. 마을 사람들은 칸트가 산책하는 시간을 기준으로 시계를 맞췄다는 이야기도 전해지고 있지요. 하루는 칸트가 재미있는 책을 읽느라 산책에 조금 늦었는데, 그러자 마을의 모든 시계가 맞지 않았다고 합니다. 사실인지 아닌지 알 수 없지만 위인들에 얽힌 이야기는 참 신기하군요.

정말 머리가 좋아져요?

4단계
철학을 하면 머리가 좋아진다? (공부와 일에 도움되는 이야기)

왜 100점을 받지 못할까…

'머리가 좋아지는 방법이 없을까?' 하고 생각하죠? 방법이 있답니다! 바로 철학을 하면 돼요. 철학은 평소 생각하는 것보다 더 깊이 생각하는 거니까요. 더 깊이, 더 많이 생각할수록 머리는 좋아지겠지요?

> 더 깊이
> 생각하기

철학을 하면
머리가 좋아진다!

지금보다 더 똑똑해지고 싶은 사람이 많을 거예요. 여러분 주변에 머리 좋은 사람이 있지요? 그런 사람처럼 되고 싶어요? 선생님의 말씀을 빨리 이해하고, 남들과 똑같은 시간을 써서 공부해도 높은 점수를 받는 사람 말이에요.

똑똑한 사람들은 태어났을 때부터 머리가 좋았을까요? 혹시 숨겨 둔 비밀이 있지 않을까요? 머리가 좋아지는 훈련이라도 받았을까요? 만일 여러분도 그런 훈련을 받으면 머리가 더 좋아질지도 모른다고요?

그런 비밀 훈련은 정말로 있습니다. 바로 철학이지요. '또 철학이야!'라고 생각했죠? 그만큼 철학은 훌륭합니다. 철학을 하면 왜 머리가 좋아질까요? 넓고 깊게 생각하는 연습을 하기 때문이에요.

4단계
철학을 하면 머리가 좋아진다?(공부와 일에 도움되는 이야기)

생각을 하려면 머리를 써야 해요. 생각은 사물을 다양한 관점에서 파악하고, 알아낸 사실들을 정리하는 과정이에요. 결국 철학이 일상에서 흔히 하는 생각과 다른 점은 사물을 더 넓은 관점에서 바라보고, 지식을 더 깊이 있게 정리하는 데 있어요.

그래서 철학을 하면 넓고 깊게 생각할 수 있는 것입니다. 다르게 말하면, 생각을 더 잘할 수 있지요. 어때요, 철학이야말로 머리가 좋아지는 훈련이 될 것 같죠?

실은 나도 철학을 시작하기 전에는 깊이 생각하지 못했어요. 지금은 철학 덕분에 머리가 좋아진 걸 실감하고 있답니다. 이 이야기는 비밀이에요. 이크, 책에 써 버렸네.

공부를 꼭 해야 해요?

4단계
철학을 하면 머리가 좋아진다? (공부와 일에 도움되는 이야기)

공부하기 싫어!

공부가 싫은 건 재미없어서, 누가 시켜서, 왜 하는지 몰라서라고 생각해요. 하지만 앞으로 살아가기 위해서는 이것저것 다양한 공부를 해 둬야 합니다. 어때요, 공부에 대한 생각이 달라지지 않나요?

> 더 깊이
> 생각하기

앞으로 무엇이 필요할지 알 수 없기 때문에 공부해야 한다

    공부하기 싫다는 사람이 참 많지요? 우리는 '공부'에 대한 이미지가 썩 좋지 않아요. "숙제 해라.", "문제집 풀어라." 등등 남들한테 강요받기도 하고요.

    초등학교에 들어가면서부터 그런 나날이 시작됩니다. 학교를 마치고 집에 와서도 꼼짝없이 숙제를 해야 해요. 그러니까 공부가 싫어지지요. 우리가 이토록 힘들어하는데 왜 공부를 해야만 할까요?

4단계
철학을 하면 머리가 좋아진다? (공부와 일에 도움되는 이야기)

　초등학교에서는 국어, 수학, 사회, 과학, 거기다 영어도 공부합니다. 그밖에 다른 과목들도 많고요. 이런 공부가 무슨 도움이 될까요? 우리는 학교를 졸업하고 나면 일을 합니다. 그 말은, 우리가 배운 공부는 일하는 데 필요하다는 뜻이겠죠?

　하지만 아무리 생각해도 아닌 것 같아요. 엄마 아빠가 수학 문제 푸는 일을 하는 것 같진 않으니까요. 그걸 어떻게 아냐고요? 어려운 수학 문제를 엄마 아빠한테 가져가서 여쭤 보면, 두 분 모두 쩔쩔매며 기억나지 않는다고 하는걸요. 사회 과목도 마찬가지예요. 몇 년도에 무슨 사건이 일어났는지 배우는 역사 지식은 일과 전혀 관련이 없어요. 그러니까 고생하면서 공부할 필요도 없을 것 같군요.

　그런데 말이에요, 만약 공부를 전혀 하지 않는다면 여러분은 지금 이 시기에 무엇을 하면서 보내야 할까요? 게임? 운동? 엄청난 재능 없이는 게임이나 운동을 직업으로 삼기는 어렵습니다. 그렇다면 미리미리 여러 가지 준비를 해야 하지 않을까요? 앞으로 커서 여러분이 무슨 일을 하게 될지 알 수 없으니까요. 그렇게 생각하면 역시 공부는 해야 할 필요가 있겠군요.

어떻게 해야 흥미가 생길까요?

앗! 입질이 왔어!

4단계
철학을 하면 머리가 좋아진다? (공부와 일에 도움되는 이야기)

별로 하고 싶지 않아

썩 흥미가 없던 일도 막상 해 보면 즐거워요. 단지 첫발을 내딛기가 참 어려울 뿐이지요. 그렇다면 '이건 내가 좋아하는 일이야.'라고 생각해 보면 어떨까요?

> 더 깊이
> 생각하기

좋아하는 것과 비슷한 점을 찾아본다

　친구가 같이 낚시를 하러 가자고 했지만 거절했어요. 낚시에는 별로 흥미가 없어서요. 그랬더니 친구가 "같이 가면 참 재미있을 텐데." 하는 거예요. 많은 사람들이 낚시를 즐기고 있으니 나도 일단 해 보면 낚시에 재미를 붙일지도 모르지요. 하지만 흥미가 없는 일을 시작하는 게 쉽지 않잖아요.
　우리는 무엇이든지 대체로 마음이 이끌리고 흥미가 생기는 일

4단계
철학을 하면 머리가 좋아진다?(공부와 일에 도움되는 이야기)

들을 하고 싶어해요. 재미있어 보이거나 해 보고 싶은 일 말이에요. 흥미는 내가 일부러 만드는 게 아니라 저절로 생겨요.

나는 테니스를 좋아해요. 공을 힘껏 치면 마음이 후련해지기 때문이에요. 나는 테니스에서 그런 느낌을 맛보고 싶은 거예요. 축구나 야구와는 달리 나한테 계속 공이 오기도 하고요.

낚시도 테니스와 비슷할까요? 어쩌면 물고기를 낚아 올릴 때 마음이 후련해질지도 모르겠네요. 게다가 낚시는 나와 물고기만의 승부라는 점에서도 축구나 야구보다 테니스와 비슷해요. 아니? 이거 왠지 낚시에 흥미가 생기는데요?

무엇이든지 내가 좋아하는 것에 비추어 생각해 보면 흥미가 일어날지도 모르겠습니다. 내가 어떤 일에 흥미를 갖는다면 거기에는 분명 나만의 이유와 규칙이 있을 겁니다. 그러니 어떤 일에서든 내가 좋아하는 것과 닮은 점을 찾는다면 결국 좋아하게 될 수도 있지요.

나에게 익숙하지 않은 낯선 일이라면 무턱대고 싫어할 수 있어요. 하지만 일단 해 보면 의외로 재미있을 수도 있어요. 앞으로 한 발짝 내딛을 수 있도록, 지금 좋아하는 것과 새로운 것 사이의 비슷한 점들을 찾아봐야겠어요.

인공지능(AI)이 무서워요?

4단계
철학을 하면 머리가 좋아진다? (공부와 일에 도움되는 이야기)

로봇이 하는 말은 듣고 싶지 않아

마음을 가진 인공지능(AI)이 로봇 속에 들어가면 어떻게 될까요? 우리보다 로봇이 더 똑똑하니까 로봇이 하는 말을 따라야 할까요? 하지만 그런 게 만들어질 리 없어요. 인간의 마음은 흉내 낼 수 없으니까요.

왠지 싫어!

> 더 깊이
> 생각하기

인공지능(AI)은
인간의 마음을
흉내 낼 수 없다

꺄악, 로봇이 습격했다! 이런 생각이 드는 건 단지 영화를 너무 많이 봤기 때문일까요? 하지만 최근 인공지능의 기술은 대단하더군요. 인공지능은 원래 인간보다 똑똑하죠? 엄청난 속도로 계산하고, 다양한 아이디어도 낼 수 있고 말이에요. 소설을 쓰거나 그림을 그리는 인공지능도 있다고 들었습니다.

그런 인공지능이 로봇에 들어간다고 생각하면 왠지 무섭다거나 인공지능이 인간을 지배할 것이라고 생각하는 사람들도 있습니다. 그런데 말이에요, 여러분은 컴퓨터가 무서운가요? 컴퓨터도 계산이 굉장히 빠르고, 많은 일을 처리할 수 있어요. 하지만 컴

4단계
철학을 하면 머리가 좋아진다? (공부와 일에 도움되는 이야기)

퓨터는 무섭지 않죠? 컴퓨터는 사람처럼 생기지 않아서?

그럼 사람의 모습을 한 컴퓨터를 상상해 봐요. 어때요? 무서운가요? 그렇게 무섭지 않을 거예요. 그건 도구에 불과하니까요. 전원을 넣고 우리가 원하는 대로 사용하고, 명령한 대로 움직이는 도구 말이에요.

맞아요, 바로 그 점이에요. 인공지능은 우리가 쓰는 컴퓨터와 다르지 않아요. 내 삶을 편리하게 해 주는 도구일 뿐이죠. 그렇게 생각하면 인공지능은 전혀 무섭지 않아요.

다만, 그런 인공지능이 사람과 같은 마음을 가진다면 이야기가 달라져요. 인공지능은 스스로 생각하고 움직이고, 명령에 따르지 않을지도 몰라요. 자율적으로 생각하고 행동하는 자율형 인공지능은 확실히 조금 무서울 것 같습니다.

하지만 정말로 그런 인공지능을 만들 수 있을까요? 마음을 가진다는 것은 인간과 같은 거예요. 다시 말해 인간 마음의 수수께끼가 완전히 풀리지 않는 한, 인간과 똑같은 로봇을 만들 수 없어요. 아마 그런 건 불가능하지 않을까요? 인간은 수수께끼에 둘러싸인 존재니까요. 사람의 뇌를 흉내 낸다 해도 마음을 만들 수는 없을 거예요.

213

계산이 뭐예요?

4단계
철학을 하면 머리가 좋아진다?(공부와 일에 도움되는 이야기)

또 계산 실수를 했어

계산하는 건 귀찮아요. 즐겁지도 신나지도 않고요. 하지만 계산은 살아가는 데 필요해서 배워야 해요. 제대로 계산하지 않으면 손해 보는 일이 생기니까요. 여러분, 손해 보고 싶지 않죠?

> 더 깊이
> 생각하기

계산은 모든 일을
분명하게 하는 것

으음, 각각 3870원, 4750원이니까 1만 원을 내면 거스름돈은…… 얼마지? 아, 계산은 참 귀찮아요. 하지만 수학 공부를 할 때는 이보다 더 어려운 계산을 해야 해요. 큰일이네요. 계산을 별로 좋아하지 않는데 말이에요.

도대체 계산을 왜 할까요? 뭔가를 나눌 때, 정확히 계산해서 숫자를 맞추지 않으면 싸움이 벌어질 수도 있습니다. 그 정도는 알아요. 앞에서 예로 든 경우도 마찬가지예요. 물건을 사고 거스름돈을 얼마나 받아야 할지 정확히 계산할 수 있어야겠죠.

하지만 그런 일이라면 서로가 적당히 이해하고 양보하면 되지 않나요? 예를 들어 내가 누군가에게 주스를 몇 번 사 주고, 그 사람도 나에게 주스를 몇 번 사 주었다고 해 봐요. 그때 서로에게

4단계
철학을 하면 머리가 좋아진다? (공부와 일에 도움되는 이야기)

사 준 횟수를 정확히 계산해서 내가 두 번 더 샀으니 2000원을 돌려달라고 한다면요? 왠지 기분 나쁘지 않을까요? 친절과 우정을 돈으로 계산하는 것 같으니까요.

하지만 우정과 달리 자기에게 닥쳐올 일은 미리 정확하게 계산해 두지 않으면 실패할 수도 있어요. 그런 경우를 대비한 계산은 필요할 테지요. 무슨 일이 일어나도 문제없도록 말이에요.

결론적으로 말하면 계산은 모든 일에 분명한 태도를 취하는 것이에요. 그렇게 생각하면 모든 일에 확실한 것이 좋을 때도, 나쁠 때도 있다는 게 무슨 말인지 알 것 같습니다. 계산해야 할 때와 계산하지 말아야 할 때를 분명하게 계산해야겠죠?

일은 힘들어요?

아빠는 오늘도 바쁜가 봐!
엄마는 회의가 있어서
아침 일찍 나갔고.

4단계
철학을 하면 머리가 좋아진다? (공부와 일에 도움되는 이야기)

계속 어린이로 살고 싶어

일하는 건 힘들어 보여요. 하지만 누군가는 일을 하지 않으면 안 돼요. 서로 도우며 살아야 하니까요. 게다가 일을 하면 좋은 점도 많아요. 돈도 벌고, 보람도 느낄 수 있지요. 다른 사람에게 고맙다는 말을 들으면 기쁘지 않나요?

> 더 깊이
> 생각하기

일은 힘들지만 살아가는 기쁨을 맛볼 수 있다

여러분은 얼른 커서 일을 하고 싶은가요? 부모님을 보면 일하는 게 힘들 것 같아서 싫다고요? 힘든 건 맞아요. 하지만 즐거울 때도 많아요. 물론 일하는 건 노는 것과는 다르기 때문에 마냥 재미있기만 하진 않습니다.

왜냐고요? 일은 다른 누군가를 위해서 하기 때문이에요. 내가 하고 싶을 때, 하고 싶은 대로 일할 수는 없어요. 일을 할 때는 무리해서 힘을 쏟아야 하는 경우도 생겨요. 때때로 하기 싫은 일을 억지로 해야 할 때도 있고요.

심부름도 마찬가지 아닌가요? 다른 사람을 위해서 하는 일은

4단계
철학을 하면 머리가 좋아진다?(공부와 일에 도움되는 이야기)

때로 힘에 부치는 경우가 있답니다. 그럼 안 하면 된다고요? 그렇게 되면 모두들 자기가 하고 싶은 일만 할 테니, 어려움에 처한 사람이 있어도 도울 수 없게 됩니다.

　모두가 하고 싶은 일만 하면 어떻게 될까요? 예를 들어 일이 고되다고 병원에서 아무도 일하려고 하지 않는다면요? 몸이 아픈 사람은 정말 큰 어려움을 겪게 될 거예요. 누구든 갑작스럽게 몸이 아플 수 있잖아요? 그래서 하고 싶은 것만 할 수는 없는 거예요.

　그래도 싫어하는 일을 억지로 하는 건 이상하죠? 모두가 힘들다고 생각하는 일은 대체로 월급이 많아요. 내가 일한 만큼 돈을 벌 수 있지요. 그리고 보람도 있어요. 사람들에게서 감사나 존경을 받기 때문에 보람을 느낄 수 있어요.

　힘들어도 모두가 일을 하는 이유는 일하는 과정과 결과를 통해 성취감이나 보람을 느끼고 싶기 때문이에요. 그건 바로 살아가는 기쁨이기도 하니까요.

인간관계가 뭐예요?

재 싫어

4단계
철학을 하면 머리가 좋아진다? 〈공부와 일에 도움되는 이야기〉

여러분은 싫어하는 사람과 놀지 않죠? 하지만 어른들은 싫어하는 사람들과도 어울려 지내요. 그러지 않으면 일을 할 수가 없으니까요. 그걸 인간관계라고 해요. 싫은 사람에게도 웃는 얼굴로 대하는 거죠. 그게 어른이에요.

더 깊이 생각하기

싫어하는 사람과도 함께하는 인간관계

어른들은 곧잘 '인간관계'라는 말을 해요. 인간과 인간 사이의 관계, 알 것 같으면서도 잘 모르겠죠? 인간은 누구나 관계를 맺으며 살아가는데 왜 굳이 이런 말을 쓸까요? 혹시 '인간'들만이 가진 무슨 특별한 관계가 있을까요?

어린이들은 대개 친구나 선생님과 관계를 맺어요. 그렇다면 인간관계란 사람 사이에서 맺는 평범한 관계라고 보면 되겠군요. 친구도 인간이니까 그 친구와의 관계는 당연히 인간관계예요. 다만, 사람이 아닌 다른 것과의 사이를 두고 '관계'라는 말을 붙이

4단계
철학을 하면 머리가 좋아진다?(공부와 일에 도움되는 이야기)

지는 않아요.

예를 들어 우리가 반려동물을 기른다 해서 동물관계라고 하지는 않잖아요. 그렇게 보면 인간관계에는 무슨 특별한 의미가 있는 게 틀림없어요. 어른들이 인간관계라는 말을 입에 올릴 때는 분명 짜증스런 얼굴을 할 거예요. '골치 아프네.' 하는 느낌으로 말이에요.

그래요, 인간관계란 그런 의미입니다. 평소에는 친구와 별일 없이 재미있게 지내지만 별거 아닌 일 때문에 서먹해지기도 하잖아요. 어른들은 늘 그런 일을 겪나 봐요.

왜냐고요? 어른들은 마음에 안 드는 사람과도 관계를 맺어야 할 때가 많으니까요. 특히 일과 관련되면 말이지요. 마음이 잘 맞는 사람하고만 일을 하는 건 아니거든요. 그래서 어른에게는 인간관계라는 특별한 관계가 생기는 거예요.

인간관계는 무척 중요합니다. 인간관계를 잘 관리하지 못하면 일도 잘해 낼 수 없어요. 어른들은 참 힘들겠지요? 여러분도 지금부터 인간관계 연습을 해 두는 게 좋을지도 모르겠군요. 싫어하는 친구와도 놀면서요. 여러 번 연습하다 보면 분명 여러분도 어른에 한 걸음 더 가까워질 거예요.

의사소통 능력이 뭐예요?

즐겁게 이야기 하기의 달인

의사소통을 잘한다는 말을 듣고 싶어

웃는 얼굴의 달인

4단계
철학을 하면 머리가 좋아진다?(공부와 일에 도움되는 이야기)

누군가에게 의사소통을 잘한다는 말을 들었다면, 여러분은 최고의 칭찬을 받은 거예요. 그 말 속에는 인기쟁이라는 의미도 포함되어 있으니까요. 의사소통 능력이 뛰어나다는 말은 어느 누구와도 잘 지낸다는 뜻이기도 해요.

> 더 깊이
> 생각하기

서로를 이해하고 하나가 되기 위해 필요한 의사소통 능력

 의사소통을 잘한다는 말을 들으면 기분이 좋죠? 오늘날 사회에서 가장 중요시되는 능력이 의사소통이니까요. 수학이나 영어나 운동이 아닌, 나의 생각을 잘 전달하고 상대방의 뜻을 잘 이해하는 능력이 중요하다니 의외인가요?

 회사에서도 마찬가지인 모양입니다. 사람들과 의사소통을 잘하는 사람이 회사에서도 인정을 잘 받거든요. 그런데 이상하지

4단계
철학을 하면 머리가 좋아진다?(공부와 일에 도움되는 이야기)

않나요? 의사소통이 중요하다면서 왜 학교에서는 가르쳐 주지 않을까요? 영어는 따로 과목까지 만들어 가르치는데 말이에요.

그리고 보니 요즘은 코딩도 중요하다고 학교에서 가르치기 시작했어요. 중요한 것들은 학교 과목으로 배우는데 의사소통 능력이라는 과목은 없어요. 왜 그럴까요?

학교에서도 의사소통을 배우고 있답니다. 과목명은 없지만 선생님들도 중요한 걸 알기 때문에 매일 가르치고 있어요. 교과서로 배우지 않을 뿐 모든 과목에 포함되어 있답니다.

요즘 수업 시간에 토론을 하거나 모둠별로 조사해서 발표하는 경우가 많죠? 앗, 여러분은 옛날과 비교할 수가 없으니 달라진 점을 알아채기는 힘들겠네요.

토론 수업 방식은 이제 초등학교부터 대학교에 이르기까지 점차 흔해지고 있어요. 내가 어릴 때는 토론이나 발표 수업은 정말 드물었거든요. 의사소통 능력은 다 같이 이야기를 나누거나 활동하거나 발표할 때 필요해요. 오늘날에는 사람들의 가치관이 다양해지면서 하나의 주제에 서로 다른 생각을 갖는 경우가 많아요. 그렇기 때문에 다른 생각을 가진 사람들과 원활히 의사소통하여 협력하는 능력이 중요해지고 있습니다.

도덕이 뭐예요?

저런 행동을 해도 되나…

도덕에 대한 생각은 사람에 따라 다르기 때문에 다루기가 참 어려워요. 하지만 우리는 좋은 행동이 무엇인지 서로 이야기할 수 있고, 이야기를 나누는 과정을 통해서 도덕을 만들어가요. 누군가에게 "이게 좋은 행동이야."라고 강요하는 것보다는 이 방법이 좋아요.

4단계
철학을 하면 머리가 좋아진다?(공부와 일에 도움되는 이야기)

> 더 깊이
> 생각하기

도덕은
다 같이 생각해서
만들어 나가는 것

 도덕은 따로 과목까지 있지만 솔직히 무엇을 배우는지 모르겠다는 말을 듣곤 해요. 도덕 과목에서는 훌륭한 사람의 일생을 배우기도 하고, 사회를 떠들썩하게 했던 사건을 놓고 다 같이 생각해 보기도 해요. 친절이 주제가 되기도 하고, 따돌림이 주제가 되기도 하지요.
 다른 과목은 무엇을 공부하는지 알겠는데, 도덕 과목은 어떤가요? 무엇을 공부하는 과목인지 알겠나요? 아마 여러분도 알쏭달쏭할 거예요. 공동체 사회를 살아가는 데 있어 도덕이 중요하다는 건 다들 잘 알아요. 도덕심 없이는 좋은 행동을 할 수 없

4단계
철학을 하면 머리가 좋아진다?(공부와 일에 도움되는 이야기)

다는 말도 자주 듣잖아요.

　도덕이란 법은 아니지만 사람들의 양심이나 관습에 따라 스스로 지켜야 할 좋은 행동을 뜻해요. 우리가 위인전을 읽는 이유도 위인들이 살아온 삶이 좋은 행동의 모범이 되기 때문이에요. 친절함은 좋은 행동이고, 따돌림은 반대로 나쁜 행동이지요. 그래서 우리가 어떻게 하면 좋은 행동을 자주 하고, 나쁜 행동을 하지 않을지 다 같이 생각해 보는 거예요.

　그렇다면 좋은 행동, 나쁜 행동의 기준은 사람마다 모두 같을까요? 아니죠. 사람마다 기준이 다르기 때문에, 내가 보기에 좋은 일이 남에게는 아닐 수도 있어요. 그래서 서로 싸우지 않고 사이좋게 지내기 위해서는 다른 사람의 처지를 먼저 생각한 뒤에 함께 도덕에 대한 기준을 생각해야 합니다.

　도덕은 사실 배워야 하는 공부라기보다 사람들이 함께 만들어 나가는 약속에 가까워요. 사람들은 저마다 생각이 다르기 때문에 종종 상대방의 기분을 이해하고, 서로에게 맞추며 협동해야 할 때도 있어요. 그런 의미에서 도덕은 늘 달라져요. 애매모호하기도 하지요. 하지만 단 하나의 기준만이 옳다는 태도보다는 낫지 않나요?

올바른 게 뭐예요?

올바른 건 누가 결정할까

4단계
철학을 하면 머리가 좋아진다?(공부와 일에 도움되는 이야기)

올바른 식사법, 올바른 마스크 착용법, 올바른 행동 등등 '올바른 ○○○'이라는 말을 들어 봤을 거예요. 그런데 이 모든 것에 딱 들어맞는 올바름의 기준이 있을까요? 있다면 그건 분명 모두가 좋다고 생각하는 행동이겠죠?

> 더 깊이
> 생각하기

균형 잡힌 것이
올바르다

　싸움을 하면 선생님이나 부모님에게 야단을 맞아요. 상대방에게 사과하라는 말도 듣고요. 하지만 우리는 사과하고 싶지 않아요. 자신이 옳다고 생각할 테니까요. 상대방이 먼저 사과한다면 자신도 사과할 수 있지만, 상대가 잘못했기 때문에 자신이 먼저 사과할 필요는 없다고 생각하죠.

　그런데 나는 잘못이 없다고 말하면 상대방도 똑같이 말하더군요. 상대방도 자기가 옳다고 생각하는 거지요. 싸운 이유를 선생

4단계
철학을 하면 머리가 좋아진다? (공부와 일에 도움되는 이야기)

님에게 말하면 선생님은 둘 다 잘못했대요. 둘 다 서로 옳다고 생각하는데 둘 다 잘못했다니, 무슨 말이죠?

 자기가 옳다고 생각하는 이유는 상대방에게 잘못이 있다고 여기기 때문이에요. 그런데 왜 우리는 내가 옳다고 생각할까요? 어쩌면 내가 옳다는 건 나만의 확신일까요? 실은 나 혼자서만 내가 옳다고 느끼는 걸까요?

 누군가 일방적으로 나쁜 짓을 했다면 분명히 그 행동을 한 사람이 잘못했으니까 당한 사람은 옳다는 말이 되네요. 그렇다면 일방적인 행동은 옳지 않은 행동이군요. 너무 심한 것도 잘못일까요? 나쁜 짓을 하면 벌 받는 건 옳다고 여기지만, 만일 벽에 낙서한 정도로 감옥에 갇힌다면 너무 심한 처사라고 생각하지 않을까요?

 옳다는 건 일방적이지 않고, 너무 심하지 않다는 뜻일까요? 그럼 균형 잡힌 것이 올바를까요? 그렇다면 싸울 때는 말과 행동의 균형이 맞는 쪽이 올바른 걸까요. 으음, 이런 생각은 균형이 잡혀서 올바른 것 같은 기분이 드는군요.

꼭 성공해야 해요?

반드시 부자가 될 테다!

4단계
철학을 하면 머리가 좋아진다?(공부와 일에 도움되는 이야기)

사람들은 누구나 성공하고 싶어 해요. 하지만 수단과 방법을 가리지 않고 성공만 하면 좋을까요? 과정은 형편없어도 결과만 좋으면 그만일까요? 우리는 성공을 향해서 노력하는 과정 하나하나를 즐겨야 한다고 생각해요.

> 더 깊이
> 생각하기

중요한 건 성공이 아닌 성공으로 가는 길

우리는 흔히 성공하기 위해 무언가를 한다는 말을 해요. 마치 성공이 목적인 것처럼 말이에요. 여러분 같은 어린이에게도 마찬가지예요. 공부도 운동도 심지어 학교 행사도, 어른이 되어 돈을 잘 벌기 위해 한다고요. 이것을 하는 방법도, 하는 장소도 전혀 다른데도 목적은 하나, 성공이래요.

하지만 공부를 하는 목적은 지식을 익히는 것, 혹은 생각하는 데서 오는 즐거움이잖아요? 운동도 즐거워서 하는 거고요. 학교 행사도 그래요. 물론 공부나 운동을 해서 성공으로 이어지면 좋겠지만, 성공하지 못하더라도 우리가 해 온 공부나 운동이 의미가 없는 건 아니에요.

4단계
철학을 하면 머리가 좋아진다? (공부와 일에 도움되는 이야기)

　운동회나 글짓기 대회 같은 학교 행사는 어떨까요? 다 같이 하나가 되어 참여하는 것만으로도 좋은 경험이 돼요. 성공에 이르지 못해도 여전히 좋은 경험이지요. 속상해서 흘린 눈물 덕분에 또 한 걸음 성장할 수 있으니까요. 아, 결국은 성장하니까 그것도 성공에 이르렀다는 말처럼 들린다고요? 그럼 좋은 추억이 된다고 생각하는 건 어때요? 그것만으로도 충분히 의미 있지 않을까요?

　반대로 어떤 어린이들은 성공하지 않은 인생은 의미 없다고 생각할 수도 있어요. 인생에는 다음 기회가 있는 것도 아니고, 아무리 좋은 추억이 된다 해도 괴롭거나 가난한 것은 싫겠지요. 하지만 우리 인생에서도 역시 과정이 중요합니다.

　사람들이 원하는 건 결과만이 아니라 성공에 이르는 과정이에요. 성공 그 자체보다는 성공을 향해 차근차근 성장해 나가는 기쁨을 맛보고 싶어 할 거예요.

미래에는 어떤 능력이 필요해요?

4단계
철학을 하면 머리가 좋아진다?(공부와 일에 도움되는 이야기)

지금 배우는 게 너무 많다고요? 무얼 배워 두면 좋을지 누가 좀 가르쳐 주면 좋겠죠? 하지만 그건 아무도 알 수 없어요. 왜냐고요? 미래에 무슨 일이 일어날지 아무도 모르니까요. 그러니까 무슨 일이 일어나도 문제없도록 대비하는 게 좋겠어요.

> 더 깊이
> 생각하기

무슨 일이 일어나도
대응할 수 있는 능력

　미래에 어떤 능력이 필요할지는 아무도 몰라요. 생각해 보세요. 현대는 '불확실한 시대'라는 말을 많이 들었죠? 기술도 빠르게 발전할 뿐더러, 상품부터 사람들의 취향까지 모든 것이 끊임없이 새로워지니까요. 그래서 미래를 예측하기란 어렵다는 거예요. 옛날에는 그렇지 않았어요. 그때에도 기술은 진보하고 있었지만 앞으로 어느 분야가 얼마나 발달할지 짐작할 수 있었거든요.

　내가 어릴 때는 앞으로 자동차나 전철이 달리는 속도는 점점 빨라지고, 텔레비전 화면은 더욱 커지고, 게임 속 영상은 실제를

4단계
철학을 하면 머리가 좋아진다?(공부와 일에 도움되는 이야기)

보는 것처럼 더욱 정교해진댔어요. 앞으로 어떤 식으로 기술이 발달할지 누구나 알 수 있었죠. 하지만 오늘날의 기술은 예전과 질적으로 달라서 더 이상 쉽게 예측할 수가 없어요. 자동차는 하늘을 날고, 텔레비전은 아예 없어지고, 게임은 영상이 훌륭해지는 수준을 넘어 현실과 분간할 수 없기도 해요. 정말이지 머리가 핑핑 돌 지경이에요.

  이런 식으로 기술이 앞서간다면 앞으로 무슨 일이 벌어질지는 아무도 예상할 수 없습니다. 더구나 변화하는 속도도 계속 빨라지고 있어서, 어쩌면 당장 내일이라도 하늘을 나는 자동차가 나타날 수도 있어요.

  앞서 미래에 어떤 능력이 필요할지는 아무도 모른다고 했어요. 이제 이해가 가나요? 하지만 딱 한 가지 능력은 분명 필요할 것 같습니다. 어떤 일이 일어나도 대응할 수 있는 능력 말이지요.

  급격하게 변화하는 환경 속에서도 유연하게 대응할 수 있는 몸과 마음, 그리고 머리. 그 머리가 바로 철학 하는 머리라고 말해 두겠습니다. 여러분은 "에이, 또요?"라고 대꾸할 것 같군요. 그래 노 이제는 이해하겠죠?

앞으로 하고 싶은 일이 뭐예요?

4단계
철학을 하면 머리가 좋아진다? (공부와 일에 도움되는 이야기)

이거라면 계속할 수 있어

계속하고 싶은 취미나 활동이 있나요? 있다면 그 일은 앞으로 여러분의 직업이 될 거예요. 만약 그런 일을 하는 직업이 없다면, 여러분 스스로가 그 일을 직업으로 만들면 돼요.

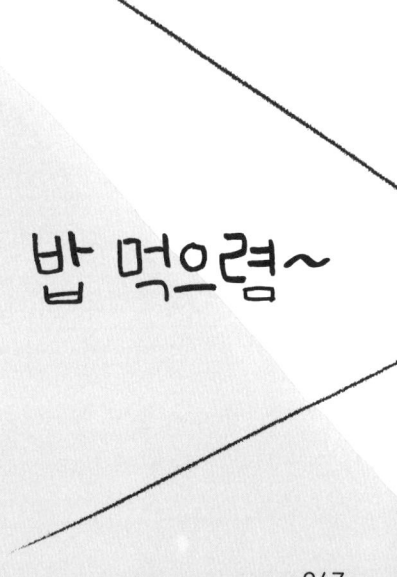

밥 먹으렴~

> 더 깊이
> 생각하기

하면 즐겁고
기분 좋아지는 일이
바로 하고 싶은 일

 이다음에 하고 싶은 일을 생각해 두었나요? 벌써 마음을 정해 뒀다면 어려운 단계는 대부분 넘었다고 볼 수 있어요. 하고 싶은 일을 향해서 곧장 나아가기만 하면 되니까요. 반대로 장래 희망을 아직 정하지 못했다고 해도, 미래를 그려 보는 즐거움을 맛볼 수 있을 거예요.

 앗, 즐겁지 않다고요? 하지만 이런저런 선택을 할 수 있다는 건 분명 좋은 일이에요. 직업으로 삼고 싶은 일이 아직은 딱히 없

4단계
철학을 하면 머리가 좋아진다?(공부와 일에 도움되는 이야기)

을지도 모르지만 여러분이 좋아하는 활동이나 분야가 하나쯤은 있을 거예요. 즐겁거나 기분이 좋아지는 활동 말이에요.

친구와 놀기, 잠자기도 좋아요. 그게 바로 내가 이다음에 하고 싶은 일이라고 생각하면 됩니다. 보통은 놀거나 잠자는 것 따위는 앞으로 하고 싶은 공부나 일에는 포함하지 않을 수도 있겠죠. 하지만 그건 여러분 하기 나름이랍니다.

대학에서는 무엇이든지 연구 대상이 되거든요. 놀이를 연구하는 사람도 있고, 잠에 대해 연구하는 사람도 많아요. 여러분도 그런 곳에서 공부하면 돼요.

놀이나 잠자는 것 자체를 직업으로 삼을 수도 있습니다. 유튜브 동영상을 만들어 돈을 번다는 것을 옛날에는 상상이나 했겠어요? 잠자기라면 수면 연구소나 침구 회사에는 잠을 자는 사람이 필요하지 않을까요?

무엇인가를 일로 삼을 수 있을지 없을지는 아이디어를 어떻게 내는가에 달려 있어요. 그러니 이미 있는 직업 목록에 얽매이지 말아요. 하고 싶은 일은 여러분 스스로 만들면 되는 거예요!

철학자는 말을 잘해요?

아…, 말이 안 나와

말이 잘 나오지 않을 때가 있어요. 하려는 말은 분명 머릿속에 있는데 말이에요. 아마도 단어를 고르고 고르다 보니 말이 곧바로 나오지 않을 거예요. 그래서 철학자는 말솜씨가 뛰어나지 못해요.

4단계
철학을 하면 머리가 좋아진다?(공부와 일에 도움되는 이야기)

> 더 깊이 생각하기

철학은 말이 아닌 글의 세계다

말을 유창하게 잘하는 사람이 있어요. 입에서 막힘없이 나오는 말로 사람들을 설득하는 달변가는 학급 회장이나 학생회장을 맡은 친구들 가운데 많을 거예요. 많은 사람들 앞에서 말을 하고, 때로 모두를 설득해야 하니까요.

철학자는 어떨까요? 내가 아는 사람 중에, 말솜씨가 뛰어난 철학자는 많지 않습니다. 역사에 이름을 남긴 유명한 철학자들도, 현대 철학자들도 말이에요. 옛날 철학자들에 대한 전기나 일화를 보면 대개 말주변이 없었다고 해요. 오늘날의 철학자들도 마찬가지예요. 학회 발표를 듣거나 유튜브 영상을 보면 알 수 있지요.

신기하죠? 철학자는 논리적으로 설명하는 데는 전문가인데 말

4단계
철학을 하면 머리가 좋아진다?(공부와 일에 도움되는 이야기)

이에요. 하지만 사물을 논리적으로 설명할 수 있다고 해도 그것을 막힘없이 술술 말로 풀어놓는 것은 또 다릅니다. 물론 어디에나 예외는 있으니 유창하게 말하는 철학자들도 있긴 하죠. 그러나 철학에서는 차분히 생각하는 것이 중요하기 때문에 굳이 말이 유창하고 빠를 필요는 없어요.

무엇보다 중요한 것은 무언가를 글로 쓰는 것과 입으로 말하는 것은 크게 다르다는 점이에요. 철학자는 글은 곧잘 써도 말로 이야기하는 데에는 서툴 수 있어요. 왜냐하면 글을 쓰는 일이 더 많으니까요. 그렇지만 소크라테스가 철학을 시작한 고대 그리스 시대에는 조금 달랐어요. 소크라테스는 글로 써서 남긴 기록이 없어요. 대신에 소크라테스는 굉장한 달변가였지요. 아이러니하게도 소크라테스의 유창한 말을 책으로 써서 만든 순간부터 철학자들은 말을 유창하게 할 수 없게 되었을지도 몰라요. 어느 쪽이 과연 진정한 철학자일까요?

철학자는 모두 머리가 좋아요?

철학자는
머리가 좋은 것 같아

4단계
철학을 하면 머리가 좋아진다?(공부와 일에 도움되는 이야기)

철학자라고 하면 왠지 머리가 좋을 것 같아요. 하지만 머리가 좋든 나쁘든, 누구나 철학자가 될 수 있어요. 그렇다면 철학 하는 사람이란 어떤 사람인지 가려낼 수 있어야겠죠? 그걸 아는 데에도 철학이 필요할지 모르겠군요.

> 더 깊이
> 생각하기

진정한 철학자라면 머리가 좋다

앞에서 철학을 하면 똑똑해질 수 있다고 썼는데, 그렇다고 해서 모든 철학자들이 반드시 머리가 좋다는 뜻은 아닙니다. 누구나 철학자가 될 수 있기 때문이에요. 면허도 자격도 필요 없지요. 뜻밖이라고요? 혹시 대학에서 강의하고 연구하는 철학 교수를 떠올렸나요?

철학자라고 해서 반드시 대학 교수인 것은 아닙니다. 철학 교수는 철학을 연구하고 가르치는 사람이니, 철학 연구자인 것은

4단계
철학을 하면 머리가 좋아진다? (공부와 일에 도움되는 이야기)

맞아요. 그래서 철학 연구자, 즉 철학 학자가 곧 철학자라고 생각하는 사람도 있어요.

하지만 그건 진정한 의미에서의 철학자는 아니에요. 진짜 철학자는 철학을 '하는' 사람을 말해요. 본래 철학자는 영어로 필로소퍼(philosopher)를 번역한 말인데, 이것은 지혜를 사랑하는 사람이라는 뜻이에요.

포기하지 않고 계속 지혜를 사랑하는 사람은 모두 철학자라고 해도 됩니다. 역사에 이름을 남긴 철학자들 모두가 대학 교수이거나 철학 연구자였던 건 아니에요. 그러니까 이 책을 읽는 여러분도 철학자가 될 수 있어요.

어때요? 철학자라고 반드시 머리가 좋다고 할 수는 없다는 말이 무슨 의미인지 알겠나요? 하지만 철학을 하면 똑똑해질 수 있는 것은 확실해요. 그러니 스스로 철학자라고 믿고 행동하면 분명 머리가 좋아질 거예요.

아무튼 그 누구라도 스스로 철학자라고 말할 수 있어요. 그러니 여러분이 그런 사람을 만나면 그가 진정한 의미에서의 철학자인지 잘 지켜보세요. 진짜 철학자라면 머리가 좋을 테니까요.

위대한 철학자의 괴짜 편 3

루트비히 비트겐슈타인

아무리 괴짜라도 이 사람을 당해 낼 자가 있을까요? 루트비히 비트겐슈타인은 오스트리아 출신의 철학자입니다. 흔히 별난 천재 또는 괴짜 천재라고 불리는데, 일단 천재가 맞는 것 같긴 합니다. 비트겐슈타인의 스승인 버트런드 러셀은 20세기 최고의 지성이라고 불렸지만, 러셀조차도 자신은 비트겐슈타인만 못하다고 인정했을 정도니까요.

비트겐슈타인은 젊은 나이에 새로운 내용의 철학을 만들고서도 대학을 떠나 시골에 틀어박혔습니다. 그곳의 초등학교에서 아이들을 가르쳤지요. 나중에는 전쟁에 참전해서 훈장을 받을 정도로 활약을 펼쳤습니다.

비트겐슈타인이 더욱 대단한 점은, 훗날 자신의 철학이 잘못됐음을 깨닫고 다시 대학으로 돌아가 새로운 철학을 만들어 냈다는 거예요. 자신이 어렵사리 완성한 철학을 송두리째 부정하고 새로운 내용을 처음부터 다시 만든다는 것은 정말 놀랍습니다. 다른 누군가가 잘못을 지적한 것도 아니었는데 말이지요.

이렇게 바쁜 생애를 살면서도 그는 누나가 살 집을 설계하기도 하고, 병원에서 간호사로 일하는 등 다양한 경험을 합니다. 그런데 비트겐슈타인은 손대는 일마다 이상한 일화를 남겼다고 해요. 간호사로 일하는 동안에는 환자에게 약을 먹지 말라고 했다나요. 그가 일을 제대로 할 수는 있었는지 의문입니다.

비트겐슈타인은 이토록 놀라운 괴짜였지만 일상생활에서 사용하는 언어에 대한 분석을 중요시한 것으로 높이 평가됩니다. 역시 천재는 조금 독특해야 하는 걸까요?

Ludwig Wittgenstein
루트비히 비트겐슈타인

1889~1951
활동 지역 : 영국

5단계

철학으로 해결하자

위기가 닥쳤어! 어쩌지?

실수했을 땐 어떻게 하면 좋아요?

앗, 실수!
에헴, 나 아닌 척해야지...

5단계
위기가 닥쳤어! 어쩌지?(철학으로 해결하자)

우리는 인간이기 때문에 늘 실수하게 마련이에요. 또한 인간이기 때문에 실수를 인정하지 않고 어물쩍 넘기고 싶은 마음도 있어요. 하지만 실수를 솔직하게 인정할 수 있다면 존경받는 사람이 될 수 있답니다.

> 더 깊이
> 생각하기

진심 어린 사과가
우리를 일으켜 세워 준다

실수를 저질렀을 때는 다 망했다고 생각할 겁니다. 하지만 시간이 좀 지나서 돌이켜 보면 그다지 엄청난 일도 아닙니다. 실수에 그렇게까지 신경 쓸 필요는 없어요. 하지만 실수했을 때 민망하고 부끄러운 기억이 자꾸 떠오르긴 합니다.

그때 일을 지우개로 지우고 싶을 거예요. 그럴 수는 없으니 문제가 더 생기지 않도록 뒤처리라도 잘하고 싶겠지요. 인간은 누구나 실수하는 법이고, 실수를 되돌릴 수는 없지만 뒷감당은 어떻게든 할 수 있으니까요.

여러분이 실수를 했다면 먼저 찜찜한 기분부터 풀어요. 그런 다음에 어째서 자신이 실수를 저질렀는지 냉정하게 판단해서 앞으로 실수하지 않으면 돼요. 숙제를 깜빡하거나 수업에 지각하는

5단계
위기가 닥쳤어! 어쩌지? (철학으로 해결하자)

등 사소한 실수부터, 우정을 깨뜨린 것과 같은 엄청 큰 잘못까지 다 마찬가지예요. 잘못을 돌이킬 수는 없지만 진심으로 사과할 수는 있잖아요.

특히 자신의 실수나 잘못을 확실하게 인정하는 태도가 중요해요. 나의 사과를 상대방이 받아 줄지, 받아 주지 않을지를 두고 천국과 지옥이 갈리는 것도 아니잖아요. 앞에서 말했듯이 사람은 누구나 실수하고 잘못하는 존재니까 상대방도 여러분의 진솔한 마음을 틀림없이 이해해 줄 거예요.

반대로 생각해 보면 자신의 잘못을 순순히 인정하고 사과할 줄 아는 태도는 정말 어렵고 대단한 일이에요. 그래서 그렇게 한 사람들이 존경받는 것이지요.

여러분이 실수를 저질러 땅바닥에 널브러진 것 같아도, 잘못을 인정하는 용기 있는 행동이 여러분을 다시 일으켜 세워 줍니다. 어쩌면 이전보다 더 높이 끌어올려 줄지도 몰라요. 그래서 실수했을 땐 진심 어린 사과가 가장 정확하고 올바른 방법이에요.

위기는
기회라는 말이
사실이에요?

아, 다 끝났어…

5단계
위기가 닥쳤어! 어쩌지? (철학으로 해결하자)

정체절명의 위기. 다 끝났다고 생각해도 어떻게든 될 때가 있죠? 그건 여러분이 있는 힘을 다해 노력했기 때문이에요. 기회는 여러분의 그런 모습을 지켜보다가 결국에는 얼굴을 내밀어 준답니다.

> 더 깊이
> 생각하기

기회는
언제나 숨어 있다

　우리 삶에는 위기가 많을까요, 기회가 많을까요? 나한테는 위기가 더 많은 것 같습니다. 위기를 맞닥뜨릴 때마다 어떻게든 몸부림치며 벗어나려 합니다. 그러다 보면 오히려 좋은 일이 일어나기도 해요.

　예컨대 부탁받은 일을 아직 다 완성하지 못했는데 시간이 촉박할 때가 있어요. 그러면 죽자 사자 하게 됩니다. 온 신경을 다해 집중하면 그 많던 일을 단숨에 끝냈다는 사실을 새삼 깨닫기도 하고요. 예전에 강연을 앞두고 원고를 잃어버렸을 때도 그랬어요. 별 수 있나요. 기를 쓰고 머릿속에 떠오르는 대로 이야기했더니 사람들이 오히려 더 좋아하더군요.

　'전화위복' 또는 '실패는 성공의 어머니'라는 말이 있어요. 그

5단계
위기가 닥쳤어! 어쩌지? (철학으로 해결하자)

외에도 많은 속담이나 명언을 통해, '위기가 곧 기회'라는 것을 알 수 있습니다. 다만, 위기의 순간에 기회가 선뜻 모습을 드러내지는 않아요. 기회는 꼭꼭 숨어 있답니다.

"기회는 대체 어디 있지?" 하면서 두 눈을 크게 뜨고 잘 찾아보아야 합니다. 그런 자세라면 틀림없이 기회를 발견할 수 있을 거예요. 하지만 기회를 찾았다 해도, 그 기회를 잘 살려 낼 수 있을지는 알 수 없어요. 그것은 위기를 극복하려는 치열하고 절박한 마음가짐에 달려 있습니다. 자기가 하기 나름이라는 것이지요.

위기가 눈앞에 닥쳤을 때는 대개 한시가 급한 상황이고, 반드시 좋은 아이디어가 떠오른다는 보장도 없어요. 그러니까 포기하지 말고 이것저것 다 해 보는 것이 가장 좋아요. '위기야, 더는 오지 마!'가 아니라 '위기야, 너 한 번 더 와 봐!' 하는 마음으로 말이지요.

그렇게 위기가 내심 기다려질 정도가 되면 여러분의 삶은 상당히 편해질 거예요. 인생은 위기의 연속이니까요.

왜 똑같은 실수를 할까요?

내 자신이 싫다…

5단계
위기가 닥쳤어! 어쩌지? (철학으로 해결하자)

했던 실수를 또 했다면 자신이 너무 멍청해 보이고 싫어지죠? 그럴 때는 이렇게 생각해 봐요. 반복된 실수는 돌이킬 수 없는 강을 건너기 전에 여러분에게 보내는 경고라고요. 그리고 그런 일이 벌어지기 전에 충분히 생각해 보고, 다음에는 실수하지 않으면 돼요.

> 더 깊이 생각하기

아직은 어떻게든 해결할 수 있다는 표시

여러분은 같은 실수를 여러 번 한 적 없나요? 나는 꽤 자주 그런답니다. 그럴 때마다 나 자신이 싫어져요. 하지만 인간은 실수를 되풀이할 수밖에 없는 동물이에요. 한 입으로 두말하는 게 아니라 정말이에요.

만일 인간이 똑같은 실수를 저지르지 않았다면, 벌써 지구상에서 사라졌을지도 몰라요. 실수를 되풀이하는 데에도 뭔가 의미가 있다는 거지요.

똑같은 실수를 반복하면 무슨 장점이 있을까요? 늘 우산을 학교에 두고 온다거나 깜빡 잊고 중요한 안내문을 부모님께 보여드리지 못한 적이 있나요? 그럴 때는 여러분이 잘못을 뉘우치고, 다음번에는 어떻게 하면 잊어버리지 않을지 고민하지요.

5단계
위기가 닥쳤어! 어쩌지?(철학으로 해결하자)

만약 그래도 또 잊어버린다면 또 반성하고, 이번에는 다른 식으로 고민하겠지요. 인간은 실수할 때마다 반성하고 고민해요. 반성은 자신의 잘못이나 부족함을 인정하고 되돌아보게 됩니다.

누군가가 스스로를 완벽하다고 믿는다면, 결국 교만에 빠져 돌이킬 수 없는 실수를 일으킬 수 있어요. 우리가 같은 실수를 되풀이하는 것도, 돌이킬 수 없을 만큼 큰 실수를 막기 위함이 아닐까요?

그리고 일으킨 실수에 대해 고민하는 자세는 다른 경우에도 도움을 주기 때문에 인간을 한 걸음 앞으로 나아가게 만듭니다. 그러니 '아뿔싸, 또 일냈어!' 하는 생각이 들어도 좌절하지 말아요. 아직은 어떻게든 해결할 수 있다는 표시니까요. 중요한 것은 확실하게 반성하고 실수를 고치기 위하여 스스로 고민하는 태도랍니다.

다 틀렸다니요?

5단계
위기가 닥쳤어! 어쩌지?(철학으로 해결하자)

더는 못 해, 진짜 못 해!
아무튼 못 한다고!

"더는 못 해!" 하고 말하지만 정말로 그럴까요? 우리 몸은 지쳤을지 몰라도, 쉬면서 찬찬히 생각하면 우리 머리는 가능성을 찾지 않을까요? 인간의 사고는 끝이 없으니까요.

> 더 깊이
> 생각하기

다 틀린 상황은 없다

아무리 머리를 쥐어짜도 더는 길이 없어요. 여러 방법을 시도해 보았지만 되는 건 단 하나도 없어요. 그럴 때가 있어요. 그때 우리는 "다 틀렸어.", "더 이상 손쓸 방법이 없어."라고 말해요. 아니면 "더는 못 해."라고도 하지요.

이런 말들은 지쳤다는 뜻일지도 모르겠군요. 나도 피곤하면 바로 그런 말이 나와요. "더는 못 해." 글자 그대로는 할 수 있는 만큼 모두 했으니 더는 할 힘이 없다는 의미입니다. 하지만 정말 모

5단계
위기가 닥쳤어! 어쩌지? (철학으로 해결하자)

든 것을 다 해 보았을까요?

"다 틀렸어."는 어때요? 이것도 글자 그대로라면 '다' 틀렸다는 것, 모든 방법을 이용해서 시도했지만 이루어지지 않았다는 말이지요.

그렇게 생각하면 "더는 못 해." 하고 쉽게 말할 수 없어요. 할 수 있는 모든 수를 다 써 봐야 하니까요. 다만, 몸은 예외예요. 몸이 망가지면 나중에 고생할 수도 있잖아요. 건강이 최고인 만큼 공부도 운동도 몸을 혹사시키면서까지 할 필요는 없어요.

하지만 머리는 달라요. 쓸 수 있는 데까지 쓰는 게 좋아요. 생각하고 또 생각하는 머리에는 한계가 없다고 믿어요. 너무나 피곤하다면 휴식이 필요하지만, 그렇다 해도 더 이상 어찌할 수 없는 일이란 없어요.

인간이 생각하는 힘은 끝도 없습니다. 그렇다면 "다 틀렸어."라는 말은 옳지 않아요. 어려운 문제에 부딪혔을 때는 우선 휴식을 취해도 괜찮아요. 그리고 다시 생각해 보는 거지요. 방법을 찾아낼 때까지.

위기가 많을수록 인생에 도움이 된다고요?

……

어쩌지~~

**5단계
위기가 닥쳤어! 어쩌지?** (철학으로 해결하자)

위기 하나 주세요

위기는 나쁘고 피해야 한다고 생각하기 쉬워요. 정말로 그럴까요? 우리는 위기에 처했을 때, 자신의 가능성을 알 수 있고, 위기를 이겨 냈을 때 행복을 느낄 수 있어요.

> 더 깊이 생각하기

위기 덕분에 성장하고 행복해진다

위기를 자주 겪는다는 것은 곧 괴로운 일이 많다는 말이에요. 그건 좋을까요, 나쁠까요? 나는 정말 좋다고 생각해요. 괴로운 일이 생기면 고민하고 해결할 방법을 찾아내요. 자신의 가능성을 시험해 볼 테고, 문제를 좀 더 치열한 자세로 대해요.

치열해졌을 때, 사람은 여러 가지를 시도해 보면서 자신의 가능성까지 시험하게 돼요. 나는 과연 어디까지 나아갈 수 있는지 알게 되는 거죠. 물론 문제를 맞닥뜨린 순간에는 자신의 가능성 같은 건 생각해 볼 여유가 없어요. 하지만 나중에 돌이켜 보면 훌쩍 성장해 있는 자신을 발견할 수 있어요.

위기를 완벽하게 극복했다면 내가 어떤 일을 어떻게 잘하는 사람인지 깨달을 수 있고, 설령 결과가 좋지 않더라도 끈기 있게

5단계
위기가 닥쳤어! 어쩌지? (철학으로 해결하자)

노력하는 내 모습을 발견할 거예요. 그렇게 자신이 얼마만큼 할 수 있는 사람인지 가능성을 파악하고, 성장한 내 모습을 발견하면 그 자체로 좋은 인생이 아닐까?

게다가 위기를 훌륭하게 이겨 냈을 때 그 기쁨은 말로 다 표현할 수 없습니다. 행복에 가득 차게 되지요. 행복이란 공기와 같아서 평소에는 보이지 않아요. 하지만 위기에 이르렀을 때는 불행해지고, 그 위기를 극복하면 비로소 불행에서 벗어날 수 있지요. 바로 그때 행복을 느끼게 돼요.

이것도 또한 위기가 인생을 좋은 길로 이끌어 주는 이유예요. 아무 일도 일어나지 않는 평탄한 인생은 얼핏 행복해 보이지만 의외로 그렇지도 않습니다.

늘 따분할 테니까요. 그래서 위기는 없는 것보다 있는 편이 나아요.

앗! 오해하지 마세요. 억지로 위기에 처할 필요는 없지만 적어도 위기가 닥쳤을 때 좌절하지 않아도 된다는 말이에요. 좋은 인생이 펼쳐질 징조니까요.

위기를 극복한다는 게 뭐예요?

이제부터 고생 끝, 행복 시작…이 아니었어?

하아…, 그렇구나.

5단계
위기가 닥쳤어! 어쩌지?(철학으로 해결하자)

혹시 한 번 위기를 극복하고 나면 그 뒤로는 평생 아무런 걱정 없이 살 거라고 생각하나요? 아니에요. 인생이 얼마나 험난한데요. 하나의 위기가 지나가면 또 다른 위기가 찾아오고, 그 위기를 이겨 내면 또 다시 위기가…… 그렇게 되풀이되지요. 그처럼 울퉁불퉁한 길을 달리는 것이 인생이에요.

> 더 깊이
> 생각하기

인생은
울퉁불퉁한 길을
달리는 것과 같다

    위기를 잘 넘기면 마음이 한시름 놓이죠? 이제 만사가 다 편하고 잘될 것만 같아요. 소설이나 영화에서도 그래요. 주인공은 위기에 빠지지만, 결국에 극복해서 잘 먹고 잘 살았다는 이야기로 끝나지요.

    그럴 때 나는 이렇게 생각해요. '이건 상상일 뿐이야. 현실은 위기 너머에 또 다른 위기가 있어.'라고요. 그래서 '산 넘어 산'이라는 말도 있잖아요.

    우리는 위기를 인생에 한 번 만나는 높은 산처럼 생각해요. 실

5단계
위기가 닥쳤어! 어쩌지? (철학으로 해결하자)

은 그런 위기를 극복하더라도 겨우 야트막한 언덕 하나를 넘었을 뿐이에요. 그렇게 생각하지 않으면 위기를 넘긴 이후 새로운 위기를 만났을 때 대처하기 어려울 거예요.

  앞에서도 말했듯이 인생은 위기의 연속입니다. 그러니 위기를 즐길 수 있을 정도가 되어야 해요. 울퉁불퉁한 길을 달리는 것은 짜증 날 수 있지만, 험한 길을 처음부터 즐기겠다고 마음먹으면 의외로 즐겁게 달릴 수 있습니다. 산악자전거로 거친 산길을 달리는 것처럼 상쾌하고 즐거운 느낌을 받게 됩니다. 그리고 위기는 울퉁불퉁한 길에 널린 돌멩이 하나에 불과하다고 생각해 보세요. 하나하나의 위기를 마주할 때 힘을 다 써 버리지 않고 아껴 둘 수 있어요. 다른 위기에도 대비해야 하니까요. 그럼, 산길을 잠깐 힘차게 달려 볼까요?

포기하는 것도 중요하다고요?

아빤 말이야,
계속 우주인을 찾아다녔어….
하지만 포기했단다.

어느 날,
별이 얼마나 아름다운지를 깨닫고
천문학자가 됐지.

우와,
몰랐어요.

5단계
위기가 닥쳤어! 어쩌지? (철학으로 해결하자)

절대
그만두지 않겠어!

절대 그만두지 않겠다는 마음으로 끈질기게 견디고 버틴다면, 혹시 있을 좋은 기회를 놓치지 않을까요? 포기하는 게 중요하다는 말도 있어요. 포기는 한심한 행동이 아니라 올바른 선택을 하는 거예요. 다만, 적당한 시기에 포기하는 것이 중요합니다.

> 더 깊이
> 생각하기

포기를 통해
인생을 개척한다

버티는 자가 이긴다는 말을 종종 들어 봤을 거예요. 그런 끈기도 물론 중요해요. 하지만 아무리 애써도 소용없을 때에는 포기하는 것밖에 방법이 없어요. 아니, 거기까지 가기 전에 일찌감치 관둬야 좋을 때도 있어요.

더는 안 된다는 사실을 알고 있고, 더구나 다른 방법까지 잘 알고 있다면 재빨리 방향을 바꾸는 게 좋아요. 모양새가 살지 않는다고요? 그런 걸 신경 쓰니까 손해 보는 거예요.

포기하는 게 중요하다는 말은 여러분이 꼭 귀담아 들어야 해요. 포기가 좋다는 말이 아니라, 적절한 시점에 포기하는 행동이 중요하다는 뜻이에요. 언젠가 포기할 수밖에 없다는 것을 알고

5단계
위기가 닥쳤어! 어쩌지? (철학으로 해결하자)

있다면 고집스럽게 버티기보다 일찌감치 포기하는 게 현명하니까요.

투자의 세계에 '손절매'라는 개념이 있어요. 내가 믿고 투자한 회사의 전망이 나빠졌을 때, 이미 투자한 돈은 과감히 포기해서 더 큰 손해를 막을 때 쓰는 말이에요.

인생에도 손절매가 필요합니다. 어렵게 이끌어 온 일에 돈도 시간도 이미 너무 많이 들어가서 아까운 마음이 들 거예요. 하지만 전망 없는 일에 계속 매여 있으면 돈과 시간이 더 아까워지지 않을까요?

여러분 인생에는 많은 선택과 가능성이 있어요. 나도 그렇게 몇 개의 가능성을 포기했기 때문에 철학자가 될 수 있었어요. 때로는 포기함으로써 새로운 인생을 열어 나갈 수도 있어요. 다만 무슨 일을 하든지 처음에는 열심히 해야 해요. 그러지 않으면 언제 포기해야 할지 가늠하기 어려우니까요.

대타가 뭐 하는 사람이에요?

할머니 댁에 가 있는 동안 꽃은 누가 돌보지? 아, 어떡해….

5단계
위기가 닥쳤어! 어쩌지?(철학으로 해결하자)

대신해 줄 사람, 어디 없을까

여럿이 뭔가를 하는 경우, 갑자기 한 명이 빠지거나 자신이 그 일을 할 수 없는 형편일 때 대신해 줄 사람, 곧 대타를 찾아야 해요. 그렇다고 아무나 대타로 내세울 수는 없는 법. 그 일에 알맞은 대타가 필요하겠죠?

더 깊이 생각하기

우리는 모두 누군가의 대타가 될 수 있다

갑자기 대타를 부탁받은 적이 있나요? 사람이 부족하거나 누군가에게 급한 일이 생겼을 때 말이에요. 대타라는 말은 원래 야구 용어였어요. 팀의 승패를 가르는 중요한 순간에 아껴 둔 선수를 대타로 내보내 팀을 위기에서 구해 내는 거지요.

만일 우리 팀이 안타를 치면 역전승을 할 수 있는데, 이번 타순이 수비는 잘하지만 타율이 낮은 선수라면 대타가 필요해요. 그렇지만 우리 일상에서는 역전승같이 극적인 경우에만 대타가 필요한 건 아니에요.

5단계
위기가 닥쳤어! 어쩌지?(철학으로 해결하자)

　가령 며칠 동안 집을 비워야 해서 대신 집을 봐 주는 일은 누구라도 할 수 있지요. 집을 보는 데 특별한 능력이 필요하지는 않을 테니 굳이 대타라고 말할 필요도 없어요.

　하지만 집을 대신 봐 줄 누군가를 애타게 찾는 사람은 분명 위기에 처해 있을 거예요. 위기에 처한 그 사람을 구해 줄 수 있다면 누구라도 대타가 되지요. 그러므로 특별할 것 없는 일상생활에서도 누구나 대타가 될 수 있어요.

　어려움에 처한 사람을 도울 수 있다면 그게 누구든 간에 대타인 거예요. 특별히 안타를 치지 않더라도 말이지요. 그렇게 보면 우리는 모두가 누군가의 대타가 될 수 있어요. 물론 여러분도요.

심장이 터질 것 같아!

벌렁벌렁

긴장해서 심장이 벌렁벌렁 뛰는 것은 어쩔 수 없어요. 인간이니까요. 주위에서 아무리 진정하라고 해도 진정되지가 않아요. 그렇다면 그 흥분을 잘 활용하는 수밖에 없어요. 있는 힘껏 흥분과 싸워 봐요!

5단계
위기가 닥쳤어! 어쩌지?(철학으로 해결하자)

심장은 왜 벌렁벌렁해요?

295

> 더 깊이
> 생각하기

심장은 벌렁벌렁
내 몸은 부릉부릉

    시험 시작종이 울리기 직전, 혹은 100미터 달리기 경주를 하기 직전에 심장이 마구 뜁니다. 여러분도 그렇지요? 왜 그럴까요? 심박수가 올라가기 때문인데, 심박수는 왜 올라갈까요?
    그건 바로 심장이 열심히 일하고 있다는 증거예요. 말만 들으면 좋은 것 같지만 썩 유쾌하지는 않아요. 마구 날뛰는 심장을

5단계
위기가 닥쳤어! 어쩌지? (철학으로 해결하자)

가라앉히고 편안한 상태로 있고 싶어요. 하지만 그러기는 쉽지 않아요. 심장을 꽉 붙들고 있을 수도 없고 말이에요.

어쩔 수 있나요. 심장을 내 뜻대로 움직일 수도 없는 노릇이니, 잔뜩 흥분한 상태를 최대한 이용하는 편이 낫겠지요. 시험이나 달리기 경주와 같은 중요한 일들은 어떻게 보면 싸움과 비슷해요. 싸움을 할 때 잔뜩 흥분한다면 힘이 더 솟구쳐요.

우리 몸은 싸움에서 이기기 위해 스스로 흥분해요. 자동차나 오토바이 경주를 떠올려 봐요. 선수들은 출발하기 전에 가속 페달을 밟아 먼저 엔진을 최대한 가동합니다. 힘차게 출발할 수 있도록 말이지요. 부릉부릉!

우리도 마찬가지로 가속 페달을 밟아 엔진을 돌리는 중이라고 생각하면 돼요. 어때요? 그렇게 생각하면 신기하게 마음이 편해져요. '심장이 벌렁벌렁해서 다 틀렸어!'가 아니라 '심장이 벌렁벌렁하니까 힘이 나!'라고 생각이 바뀌지 않나요?

몸에서 일어나는 일은 그게 무엇이든 다 의도와 의미가 있어요. 그런 몸의 변화를 잘 이해하고 활용하는 사람이 결국 이깁니다. 우리도 인생의 가속 페달을 꾹 밟자고요!

영웅은 왜 언제나 늦게 나타나요?

5단계
위기가 닥쳤어! 어쩌지? (철학으로 해결하자)

기다렸지?

"으악, 누가 좀 도와줘요! 빨리요!", "기다렸지?" 영웅을 떠올리면 이런 대사가 생각날 거예요. 영웅은 사람들을 기다리게 하지만 그 덕분에 모두가 고마워합니다. 목 빠지게 기다리던 사람이 나타났으니까요. 늦게 나타나야 영웅이 되는 모양이에요.

> 더 깊이
> 생각하기

늦게 오는 사람을 영웅이라고 부르니까?

　홀연히 나타나 위기에 처한 이들을 구하는 사람을 우리는 영웅이라고 해요. 하지만 무슨 까닭에서인지 영웅은 늘 아슬아슬한 순간에 나타나곤 하지요. 왜 좀 더 빨리 도착하지 않을까요? 영화에서라면 몰라도 현실에서 영웅이 그렇게 사람들을 애태우면 곤란합니다. 음, 사실 나는 영화에서도 영웅을 초조하게 기다리며 마음 졸이기는 싫어요.

5단계
위기가 닥쳤어! 어쩌지?(철학으로 해결하자)

위기에 빠진 사람을 너무 빨리 도와주면 영웅이 될 수 없는 걸까요? 가령 목이 꽉 막혔을 때 옆자리 친구가 "괜찮아?" 하면서 물 한 컵을 내민다면 어떨까요? "고마워." 정도로 끝나겠지요? 그 친구를 영웅이라고 부르기에는 아직 한참 모자라요.

하지만 주변에 아무도 없는데 목이 막혀 죽을 것 같다면요? 그런 상황에 누군가가 나타나서 우리를 구해 준다면, 그 사람이 누구든지 간에 충분히 영웅이라고 불릴 만해요. 역시나 절체절명의 순간에 모습을 드러내야 영웅이라고 불릴 만하겠군요.

그렇다면 아무리 누군가를 도와준다 해도, 위험한 순간이 오기 전에 잽싸게 나타나는 사람은 영웅이 되기 힘들어요. 그래서 내 생각에는 영웅이라서 늦게 등장하는 게 아니라, 늦게 나타나는 사람이 영웅 대접을 받는 것 같아요.

여러분도 영웅이 되고 싶다면 도움이 필요한 사람에게 천천히 가세요. 기왕 도움을 줄 거라면 영웅 대접을 받아 보는 편이 좋잖아요? 너무 얄팍다고요? 아, 그렇게 생각하는 여러분이 진정한 영웅일지도 모르겠습니다.

마지막에 도와주는 사람은 누군가요?

뭐,
아무도 못 와?

5단계
위기가 닥쳤어! 어쩌지? (철학으로 해결하자)

괜찮다면
제가 도와드릴까요?

도움이 절실한 순간이지만 아무도 도와주지 않을 때가 종종 있어요. 당연히 도와줄 거라고 믿었는데 말이에요. 그럴 때 도움의 손길을 내미는 건 언제나 모르는 사람이에요. 그 사람은 여러분이 겪는 어려움을 못 본 척할 수 없었던 거예요.

더 깊이 생각하기

모르는 사이라서 할 수 있는 일이 있다

"도울 일이 있으면 언제든 말해." 사람들은 너무 쉽게 이런 말을 합니다. 하지만 실제로 지금 당장 도움이 필요할 때, 그렇게 말한 사람들이 도우러 오는 경우는 별로 없어요. 그런 말을 '인사치레' 혹은 '빈말'이라고 합니다. 진심 없이, 단지 형식적으로 말할 뿐이지요. 말 그대로 인사말처럼요.

빈말이라면 차라리 말하지 않는 게 좋을 텐데요. 괜히 기대하게 되잖아요. 기대가 어긋나면 엄청 외로워져요. 세상에서 나 혼자 외톨이가 된 기분에 사로잡히거든요. 그래도 결국에는 어찌어찌 굴러가는 것이 인생이더군요. 여러분도 그런가요?

누군가에게 도움을 기대했지만 그들이 믿음을 저버렸을 때에

5단계
위기가 닥쳤어! 어쩌지? (철학으로 해결하자)

도, 결국에는 다른 누군가가 도움의 손길을 내밀어 주더군요. 그 덕분에 내가 지금 여기 있는 거고요. 여러분에게 도움의 손길을 주던 이는 누구인가요? 경우에 따라 다르다고요?

예컨대 여러분이 버스에 올라탔는데 돈이 없다면 아마 기사 아저씨나 다른 승객이 도와줄 거예요. 길을 걷다 넘어져서 일어나지 못한다면 가까이에 있는 사람이 부축해 줄 거고요. 그런 상황에서 친구들은 바쁘거나 여러분을 도와 주기에는 멀리 있으니까요.

결국 우리를 도와주는 사람은 우연히 옆에 있던 낯선 사람이에요. 내가 의지하는 사람이 곁에 없어도, 이 사회에서는 모두가 어려움에 처한 사람을 도와주려고 합니다. 마찬가지로 여러분도 누군가를 도와줄 거고요.

앞으로도 계속 이렇게 서로가 서로를 도울 수 있으려면, 우리 자신도 누군가를 도와야 합니다. 어제의 내가 누군가를 도왔다면, 오늘의 나는 다른 누군가에게 도움을 받는 거예요. 그렇게 보면 오늘의 나를 도와주는 사람은 어제의 나 자신이라고 할 수도 있겠군요.

교훈이 뭐예요?

실패나 실수에서 얻는 깨달음을 교훈이라고 해요. 실패하는 건 싫지만 거기에서 얻는 게 있다고 생각하면 위안이 돼요. 무언가를 갖고 싶다면 돈을 내야 합니다. 그것과 마찬가지일지도 모르겠군요. 그래서 얻은 것은 소중히 여겨야 해요.

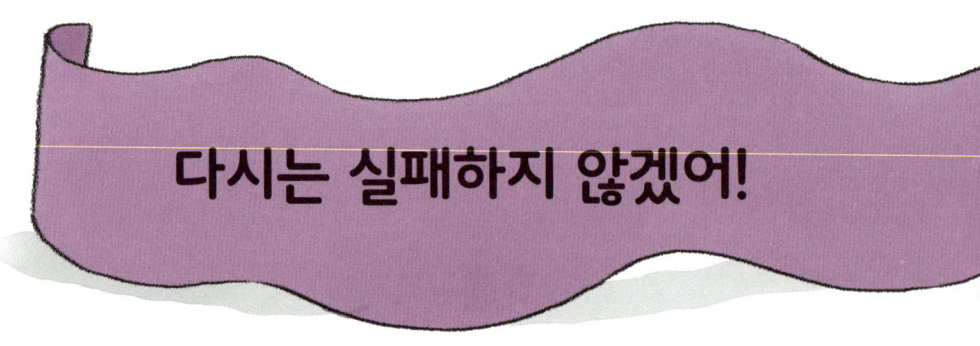

5단계
위기가 닥쳤어! 어쩌지? (철학으로 해결하자)

> 더 깊이
> 생각하기

교훈은 인생 수업
실패는 인생 수업료

실패를 하고 나서 좋은 점이 있다면, 바로 평소에는 배우지 못하는 것을 배울 수 있다는 점이에요. 배움에 있어서도 인간은 원하는 것만 배우려고 하니까요. 그래서 학교에서는 '중요하지만 스스로 배우려 들지 않는 것'을 가르쳐 줍니다.

하지만 학교에서도 배우지 못하는 것이 있습니다. 그것은 바로 아픔이 뒤따라오는 배움이에요. 학교에서 가르치는 내용은 안전한 것들뿐이기 때문에 웬만해서는 고통스럽지 않아요. 계산을 실수해도 아플 일은 없어요. 체육 시간에도 다치지 않도록 조심할 거고요.

아플 수 있는 건, 몸만이 아니에요. 꾸중을 들으면 마음이 아

5단계
위기가 닥쳤어! 어쩌지? (철학으로 해결하자)

파요. 그래서 학교에서는 몸만이 아니라 마음도 아프지 않도록 배려하고 있어요. 학교에서 매일 야단을 맞는다면 마음이 심하게 아플 테지요. 그러면 아무도 학교에 가지 않으려 할 테고, 불만도 높아지겠지요.

하지만 때로는 아픔을 겪고 배우는 경험도 필요해요. 바로 실패를 경험하는 배움이지요. 이를테면 다른 사람에게 폐를 끼쳐서 미움을 받는다거나, 아주 위험한 행동을 해서 다친다거나 그런 따끔한 경험을 한 덕분에 사람은 같은 실수를 저지르지 않도록 조심합니다.

이것을 바로 교훈이라고 해요. 사람은 성공 속에서 교훈을 얻지만 실패 속에서도 교훈을 깨닫기 때문에 살아가면서 조심해야 할 것을 배웁니다. 그래서 교훈은 앞으로 중요한 일을 실패하지 않기 위한 인생 수업 아닐까요. 흔히 실패했을 때, "비싼 수업료를 냈다."라고 말하죠? 맞는 말이에요. 영어에서도 교훈을 'Learn a lesson(수업을 받다)'이라고 하니까요.

실수에도 법칙이 있나요?

장난이 지나치다.

금방 실증 낸다.

쓸데없는 말을 한다.

이걸 보니 조금 알 것 같아.

흐음흐음~

5단계
위기가 닥쳤어! 어쩌지? (철학으로 해결하자)

왜 계속 실패를 할까?

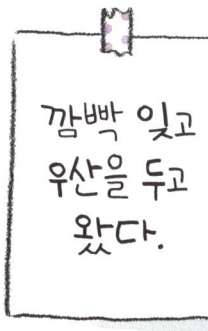

실수가 끊이지 않는다면 실수한 일들을 전부 적어 놓고 공통점을 찾아보세요. 분명 무슨 법칙이 있을 거예요. 그 법칙을 알면 실수를 막을 수도 있어요. 바로 실수의 원인이니까요.

더 깊이 생각하기

모든 실수는 닮았다

　나는 실수를 많이 합니다. 쓸데없는 말을 내뱉는다거나, 뭐든 지나치게 행동한다거나, 멋대로 상상하고 부질없는 걱정을 한다거나, 감당하기 힘든 일을 덜컥 맡아 버린다거나……. 앗, 혹시 이 실수들이 모두 비슷한가요?

　실수가 참 다양하다고 생각했지만 이렇게 죽 적어서 살펴보니 실수들 사이에 공통점이 보여요. 무언가 법칙이 있는 것 같군요. 자제하지 못하고 적당한 선을 지키지 못해서 늘 실수를 일으켰어요. 그렇다면 뭐든지 지나치게 하지 않도록 노력하면 실수를 줄일 수 있을지도 모르겠습니다.

　여러분의 실수는 어떤가요? 저지르는 실수가 한 가지밖에 없다면 잘 모를 수도 있지만, 지금까지 저지른 실수들을 모두 늘어

5단계
위기가 닥쳤어! 어쩌지? (철학으로 해결하자)

놓고 보면 법칙이 보여요. 실수하는 사람의 성격도 중요해요. 나만 보아도 그러니까요. 뭐든지 적당히 하지를 못한다는 건 좋게 말하면 적극적인 성격이고, 나쁘게 말하면 욕심이 많다고 할 수 있어요. 욕심이 많은 사람은 자신이 할 수 있는 능력보다 더 많이 하려고 합니다. 그래서 자꾸 실수를 일으키지요.

 실수들에서 법칙을 찾기 어렵다면, 이렇게 성격을 분석해 보는 것도 하나의 방법이에요.

 그리고 모든 사람이 공통적으로 저지르는 잘못은 작은 실수를 가볍게 여긴다는 거예요. 자칫 실수로 이어지기 쉬운 가벼운 잘못은 몇 차례 반복해서 일어나곤 해요. 그러다가 큰 실수를 하게 되고요. 이것이 실수의 법칙이라고 생각해요. 여러분은 그런 가벼운 잘못들을 놓치지 말고 바로잡아 보세요.

인생에는 산도 있고, 계곡도 있나요?

5단계
위기가 닥쳤어! 어쩌지?(철학으로 해결하자)

대체 언제쯤 좋아질까

사람이 살다 보면 좋은 일도 있고 나쁜 일도 있지만 그 비율이 딱 반반이라고 할 수는 없어요. 자꾸 그런 생각을 하다 보면 사는 게 힘들어지지 않을까요? 그러니 생각하지 않는 게 가장 좋을 수도 있어요. 삶은 어차피 외길이니까요.

> 더 깊이
> 생각하기

그 어떤 길도
자신이
살아가는 길

    오르막 내리막 굴곡 있는 우리 삶을 비유할 때 '인생에는 산도 있고 계곡도 있다'라는 말을 쓰지요. 그런데 정말 그런가요? 살아가다 보면 인생은 대부분이 계곡을 향해 내려갈 뿐 정상을 향해 올라간 적은 별로 없는 것 같거든요. 그러니까 '인생은 계곡, 때때로 산'이라고 하는 게 맞는 것 같기도 합니다. 인생에는 산도 있고 계곡도 있다고 하면 공연히 산을 기대하게 되니까요. 다음에는 분명 좋은 일이 있을 거라고 말이지요. 그런데 기대와 다르게 좋은 일이 없으면 화만 나지 않을까요?

5단계
위기가 닥쳤어! 어쩌지? (철학으로 해결하자)

    인생에는 산도 있고 계곡도 있다는 말을 두고 누군가는 이렇게 해석하기도 해요. 산을 오르는 것도 계곡을 내려가는 것도 힘드니 인생은 결국 힘든 일뿐이라고요. 무슨 생각인지 이해는 하지만, 살다 보면 좋은 일이 아예 없는 건 아니잖아요. 그러니 이 해석은 잘못되었어요. 게다가 인생을 부정적으로 바라보면 사는 게 얼마나 불행하고 힘들겠어요.

    그럼 인생이 산도 계곡도 없는 평탄한 길이라면 좋을까요? 꼭 그렇지도 않아요. 그런 인생은 심심하고 따분하니까요. 계곡도 싫지만, 평평한 길만 이어지는 것도 지겨워요. 산을 만나 인생이 잘 풀리는 것 같더라도, 그다음 만날 내리막을 생각하면 산도 마냥 좋은 건 아니고요.

    결국 사람은 어떤 길을 만나도 불만을 가져요. 그렇다면 지금 걷는 길을 긍정적으로 생각하는 편이 좋겠군요. 어차피 이것이 내가 살아갈 길이라는 사실을 받아들이면서요. 나도 그렇게 마음 먹은 뒤로는 어떤 길을 걷든지 신경 쓰지 않습니다.

철학자도 위기를 맞아요?

언제나 침착하고 냉정해

5단계
위기가 닥쳤어! 어쩌지?(철학으로 해결하자)

흔히 철학자는 침착하고 냉정하다고 합니다. 위기에 맞닥뜨려도 답을 찾는 방법을 알고 있으면 문제없으니 허둥대거나 당황할 필요가 없지요. 그렇기 때문에 철학자에게 진정한 의미의 위기는 없답니다.

> 더 깊이
> 생각하기

해결 방법을 알면 위기는 더 이상 위기가 아니다

    철학자의 일은 새로운 질문을 발견하고 고민하며 거기에 답을 내놓는 것입니다. 즉, 위기가 계속 닥치는 것과도 같습니다. 하지만 그것은 어떤 의미에서는 위기가 아니기도 해요. 반드시 답을 찾아낼 수 있다는 사실을 잘 알고 있으니까요. 힘들겠다고요? 아니에요. 답 근처에 가지도 못하고 쳇바퀴만 도는 사람이나 고민을 힘겨워하죠. 철학자는 다릅니다.

    마주한 질문이 처음에는 위기처럼 보일지 모르지만 철학자는 냉정한 자세를 유지할 수 있어요. 고민 끝에 답을 찾을 수 있다고 확신하기 때문이지요. 그런 건 위기라고 할 수 없겠죠? 무슨 문

5단계
위기가 닥쳤어! 어쩌지? (철학으로 해결하자)

제가 생겨도 어떻게든 대처할 수 있다는 사실을 안다면 여러분이 안절부절못할 일은 없을 거예요. 예컨대 깜빡하고 필통을 가져오지 않았어도 사물함에 필통이 하나 더 있다는 것을 기억해 냈다면, 그건 위기가 아니에요.

위기란 앞으로 어떻게 될지 모를 때 느껴요. 하지만 말은 이렇게 해도, 철학자가 늘 답을 알진 않아요. 어디까지나 답을 찾을 수 있다는 자신감이 있을 뿐이지요.

그런 자신감은 어디에서 나오느냐고요? 바로 답을 찾는 방법을 알기 때문이에요. 그 방법대로만 하면 틀림없이 답을 구할 수 있다는 확신이 있으니까요. 이런 방법은 꼭 철학이 아니더라도 다른 분야에서 활용할 수 있어요. 심각한 고민거리나 골치 아픈 일이 생겨도, 그걸 해결하는 데 필요한 방법만 정확하게 안다면 그건 더 이상 위기가 아니에요.

마법 같다고요? 그렇지 않아요. 철학은 마법이 아니니까요. 중요한 것은 어려움이 닥쳤을 때를 대비하여 그걸 해결할 방법을 미리 마련해 두어야 한다는 거예요. 최악의 상황에서 빠져나올 대비를 하라는 말이지요. 그렇게 하면 그 어떤 어려움도 더 이상 위기는 아니에요. 적어도 자신의 마음속에서는 말이죠.

장 폴 사르트르

프랑스의 철학자 장 폴 사르트르는 철학자이자 극작가이며 소설가이기도 했던 다재다능한 인물입니다.

사르트르는 언제나 인기가 많았어요. 하지만 외모가 멋진 건 결코 아니었습니다. 그건 본인도 알고 있었던 모양이에요. 누군가 사르트르의 옆에는 늘 아름다운 사람이 있다고 말하자, 사르트르는 이렇게 대꾸했대요. "못생긴 사람이 둘이 있으면 싫잖소."

한편 사르트르는 호텔에 머물면서 주머니에는 그날그날 쓸 돈만 가지고 있었다고 합니다. 원고료를 받으면 형편이 어려운 사람에게 음식을 사 주었고요. 참 인심도 좋지요!

노벨 문학상 수상자로 선정된 사르트르가 수상을 거부한 일화는 너무나 유명합니다. "살아있는 권위가 되고 싶지 않다."라고 말하면서요. 노벨상을 포기한 것도 대단하지만 그 이유도 멋지지요? 노벨상을 거부한 사례는 그 이전에는 없었다고 해요.

훗날 사르트르는 연인이었던 시몬 드 보부아르와 결혼했어요. 이 둘은 조건을 내걸고 파격적인 형태의 계약 결혼을 시도합니다. 계약 조건 중 하나는 부부가 서로 사랑하면서 동시에 다른 사람과 사랑에 빠지는 걸 허락한다는 내용이었어요. 지나치게 자유분방하다고 생각할 수 있지만, 이들은 인간 각자의 주체성과 자유를 존중했기에 시대를 뛰어넘는 결혼이 가능했던 거예요.

사르트르는 자기 자신의 자유를 넘어서 다른 모든 사람들까지도 자유로워야 한다고 생각했습니다. 그래서 그는 식민지 해방 운동에 앞장섰고, 전쟁에 반대했고, 그 외에도 여러 활동으로 사회를 변화시키려 노력했습니다. 그래서인지 사르트르의 장례식에 5만 명이나 모였다고 합니다.

Jean Paul Sartre
장 폴 사르트르
1905~1980
활동 지역 : 프랑스

철학을 알맞게 이용하자

6단계

철학으로 매일 기분 좋게!

열심히
한다는 게
뭐예요?

6단계
철학으로 매일 기분 좋게! (철학을 알맞게 이용하자)

내일 시험인데 공부하기 싫다

열심히 해야 할 때가 있어요. 평소보다 더 집중해서 해야 할 때 말이에요. 그럴 때는 에너지를 많이 쓰게 돼요. 그래서 중요할 때만 열심히 하는 게 좋은 것 같아요.

> 더 깊이
> 생각하기

열심히 한다는 것은 중요한 순간에 에너지를 많이 쓴다는 것

"열심히 하겠습니다."라고 말할 때 우리 마음은 어떤가요? 평소보다 더 힘내고 신경 써서 하겠다는 다짐이죠. 그런 마음이 아니라면 그냥 "하겠습니다."라고 말하면 될 테니까요.

그런데 굳이 '열심히' 하겠다고 말하는 건 정신이 바짝 든 상태이기 때문이에요. 인간이 능력을 발휘해야 할 때 정신을 바짝 세우지 않고, 평소처럼 지낸다면 고만고만한 수준에 그칠 겁니다. 여러분이 평소 생활할 때를 떠올려 보세요. 밥상 앞에서 "열심히 잘 먹겠습니다.", 학교 갈 때 "열심히 다녀오겠습니다.", 집에서

6단계
철학으로 매일 기분 좋게!(철학을 알맞게 이용하자)

놀 때 "열심히 텔레비전을 보겠습니다." 등 일상생활을 하는 데 '열심히'라고 말하지는 않을 거예요.

모든 일을 다 열심히 한다면 금세 지쳐요. 열심히 한다는 것은 평소보다 훨씬 더 많이 에너지를 쓴다는 말이니까요. 우리가 쓸 수 있는 에너지에는 한계가 있으니 언제까지고 열심히 할 수는 없어요.

평소보다 에너지를 더 많이 써야 할 때는 '바로 지금이야!' 싶은 순간입니다. 그런데 그 순간은 대체 언제일까요? 어렴풋이 중요한 순간일 것 같긴 하지만요. 나에게 그건 바로 이런 순간이에요. 쉽게 포기하면 안 되는 순간, 조금 더 버텨야 할 것 같은 순간. 그리고 포기하면 분명 야단맞을 것 같은 때 말이에요. 눈앞에 닥친 시험을 포기하고 싶을 때, 어차피 못할 거라는 생각에 연습이 손에 잡히지 않을 때. 평소보다 더 많은 에너지를 써야 할 때는 바로 그런 상황이에요.

어쩌면 열심히 한다는 건 열악한 상황에서 심기일전한다는 의미일지도 몰라요.

지금을 산다는 게 무슨 말이에요?

이것저것 할 게 많았는데….

휴대폰 보다가 하루가 다 갔어.

6단계
철학으로 매일 기분 좋게!(철학을 알맞게 이용하자)

아, 오늘도
시간을 헛되게 썼어!

시간은 영원히 있을 것 같지만 실은 아니에요. 우리가 살아갈 수 있는 시간은 언젠가 끝나게 돼요. 지금 우리가 살 수 있는 시간은 더욱 적어요. 바로 지금이라는 점 같은 시간뿐이에요. 그러니 지금 이 시간을 소중히 여겨야겠죠?

> 더 깊이
> 생각하기

지금이라는 '점'을 이어간다

　우리는 시간축, 그러니까 과거와 미래를 잇는 한줄기 선 위에서 살아가고 있어요. 그 선의 한가운데를 현재나 지금이라고 말합니다. 우리가 살았던 어제, 아마도 살아갈 내일, 지금 살고 있는 현재가 모두 시간축 위에 있어요. 시간축 위를 산다는 것은 바로 이런 의미예요.
　'산다'는 것은 정확히 무엇일까요? '살았다'고 과거형으로 말하

6단계
철학으로 매일 기분 좋게!(철학을 알맞게 이용하자)

면 어제를 의미해요. '살 것이다'는 미래형이니까 내일을 뜻하고요. 그러므로 '산다'는 과거도 미래도 아닌 지금을 가리키지요.

그렇다면 산다는 것은 시간축이라는 선이 아닌, 시간축에 찍힌 지금이라는 '점' 위에 있다고 볼 수 있어요. 내일이 되면 우리에게는 내일이 지금이고, 역시 그 '점' 위를 살고 있겠지요. 내일까지 가지 않아도 매 순간이 그렇습니다. 1초 뒤에는 1초 뒤의 지금을 살고 있을 테고요.

결국 우리가 살 수 있는 시간은 지금뿐입니다. 지금밖에 살 수 없다면 지금을 소중히 여기고 싶지 않나요? 과거를 다시 살고 싶어도 살 수 없으니까요. 미래도 어떻게 될지 알 수 없어요. 그런데 지금을 소중히 여긴다는 건 무슨 의미일까요?

지금 마주하는 이 순간들을 소중히 여기는 마음이에요. 예쁜 경치를 눈에 담아 보고, 맛있는 음식을 먹을 수 있음에 감사하고, 누군가와 함께 있는 것에 기쁨을 느끼고…….

지금은 쌀 한 톨같이 작은 점이에요. 쌀 한 톨이 소중한 것처럼 지금이라는 '점'은 미래로 나아가는 과정이라는 의미에서 소중한 시간이에요. 그래서 오늘도 나는 지금을 가슴 깊이 느껴 봅니다.

매일이 뭐예요?

꾸준히 하는 건 힘들어

6단계
철학으로 매일 기분 좋게!(철학을 알맞게 이용하자)

꾸준하다는 것은 매일 무언가를 부지런히 하는 태도를 말해요. 우리는 뭔가를 가끔 열심히 할 수는 있지만 매일같이 열심히 하는 건 아주 힘들어요. 그래서 좋은 일은 매일 하면 칭찬을 받지요. 반대로 나쁜 일을 매일 하면 꾸중을 듣고요.

> 더 깊이
> 생각하기

매일 하는 행동은
사람을 좋게도
나쁘게도 한다

'매일'은 뭘까요? '계속'과 비슷한 뜻일까요? 하루 동안을 가리키는 '일(日)'이라는 말이 붙는 걸 보면 하루하루가 계속된다는 뜻인 것 같군요. 우리는 보통 똑같은 뭔가를 꼬박꼬박 할 때 '매일'이란 말을 붙여 씁니다. 매일 목욕한다, 매일 공부한다, 매일 운동한다…… 이런 식으로 말이지요. 그러니까 무언가를 오늘 한 번 하고, 다음 날에도 또 그 다음 날에도 계속한다는 의미입니다.

우리는 매일 하는 행위를 습관이라고 부르기도 해요. 그래서 '매일'과 '습관'은 한 쌍으로 쓰이곤 하지요. '매일 하는 습관'처럼

6단계
철학으로 매일 기분 좋게!(철학을 알맞게 이용하자)

요. 무언가 바람직한 일을 습관으로 만들 수 있다면 정말 좋겠어요. 매일 5킬로미터씩 달리기를 하거나 매일 책 한 권씩 읽기 같은 거요.

무언가를 매일 하는 행동 방식은 사람을 정말로 강하게 만드는 것 같습니다. 물론 나쁜 행동이 습관이 되었다면 사람을 망가뜨리는 데도 그만큼 빠른 길이 없겠지요. 매일 배가 터지게 먹는다거나 매일 학교를 몰래 빠지는 습관이 있다면 어떻게 될까요?

결국 무언가를 매일 하는 행동은 사람을 좋게도 만들고, 나쁘게도 만든다는 것이군요. 그걸 깨달았다면 좋은 일은 매일 반복하고, 나쁜 짓은 적어도 매일 하지는 않아야겠지요. 그것이 매일을 올바르게 사는 방법입니다.

말은 이렇게 해도 쉬운 일은 아니에요. 좋은 일은 한 번 하기가 어렵고, 나쁜 일은 한 번만 하기가 어려우니까요. 마음먹은 대로 매일 살아가는 것도 만만치 않고요. 한 번 한 다짐은 흔들리기 쉬우니, 결국 매일 새롭게 결심하지 않으면 안 됩니다. 매일 그러는 것이 어렵지만······.

또… 또…
너무 많이 먹어 버렸어

너무 많이 먹고 후회하진 않나요? 어째서 딱 알맞게 먹었을 때 내 손과 입은 멈추지 못할까요? 알맞은 정도가 되면 마음이 편안해지니 거기서 멈추면 정말로 좋을 텐데 말이에요. 하지만 그러지 못하고 매번 욕망 앞에서 무너지고 말아요.

> 더 깊이
> 생각하기

'알맞다'는 건
딱 기분 좋은 정도

    너무 많거나 너무 모자라거나, 뭐든 그래요. 먹는 것도, 공부하는 것도, 노는 것도 말이지요. 먹는 것을 예로 들면 이해하기 쉽겠군요. 배가 고프면 너무 많이 먹어서 나중에 후회하게 돼요. 그래서 오늘은 적게 먹어야지 다짐하고 조금만 먹으면 나중에 배가 고파서 힘들고요.

    예로부터 배가 조금 덜 차게 먹어야 건강하다는 말이 있어요. 어떻게 해야 알맞은 때에 멈출 수 있을까요? 한참 먹고 있을 때는 배고픈 상태일 테니 언제 숟가락을 멈춰야 할지 알 수 없어요.

6단계
철학으로 매일 기분 좋게!(철학을 알맞게 이용하자)

결국 배가 부르고 나서야 알맞게 먹었는지 넘치게 먹었는지 알 수 있어요. 하지만 그때는 이미 늦었어요. 배는 점점 불러오니까요. 그러다 배탈이 나기도 하고요.

뭐든 적당할 때 멈출 수 있는 사람은 의지가 대단히 강한 사람이에요. 욕망을 확실하게 통제하니까요. 그래서 '알맞다'는 말은 사실 기준이 굉장히 엄격해요. 그런 기준을 지키려면 뭐가 필요할까요? 바로 높은 목표입니다.

동물과 환경을 보호하기 위해 고기를 안 먹겠다는 목표처럼 말이지요. 공부나 운동 같은 다른 분야에서도 마찬가지예요. 큰 목표를 가져야만 알맞은 정도를 지킬 수 있어요.

앞에서도 말했지만 알맞은 정도, 곧 중간을 지키는 것이 중요해요. 나에게 한없이 엄격하거나, 반대로 한없이 관대하다면 괴롭기만 할 따름이지요. 그 기분 좋은 중간이 어디쯤인지 잘 모르겠다고요? 그러면 어느 쪽이든 좋으니 한쪽 끝을 경험해 보는 것도 좋습니다. 매 끼니를 쫄쫄 굶어 보거나, 아침부터 밤까지 운동에만 빠져 있거나 하는 식으로 말이지요. 그러면서 괴롭지 않고 기분 좋은 정도를 발견한다면 그게 바로 나에게 알맞은 상태일 거예요.

부러울 때는 어떻게 해요?

우리 집은 왜 가난하지?

6단계
철학으로 매일 기분 좋게!(철학을 알맞게 이용하자)

'남의 떡이 커 보인다'라는 속담이 있어요. 그런데 우리는 내가 가진 떡도 크다는 걸 알지 못해요. 그러니 나에게 없는 것을 바라지 말고 이미 가진 것을 찾아보는 게 좋아요.

> 더 깊이
> 생각하기

나에게 있는 것을
찾아보자!

　우리는 툭하면 남과 자신을 비교해요. 저 사람이 더 부자라거나, 저 아이가 더 예쁘다거나, 저 친구가 더 똑똑하다고 말이지요. 그리고 부러워합니다. 하지만 부러워하는 감정을 품으면 마음이 흐트러질 수 있어요.

　부러운 마음이 일어서 나도 저 사람처럼 변하겠다는 의지가 생긴다면 참 좋아요. 그럴 경우에는 부럽다는 말도 쓰지 않을 테지요. 게다가 나도 열심히 노력하면 저 사람처럼 될 수 있다고 믿는다면, 그건 더 이상 부러워하는 마음이 아니에요.

　우리는 누군가를 부러워하지만 그 사람처럼 되지 못한다는 건 이미 알고 있어요. 그래서 기본적으로 남을 부러워하는 마음은

6단계
철학으로 매일 기분 좋게! (철학을 알맞게 이용하자)

부정적이고 소극적인 태도예요. 어떻게 해야 부러워하는 마음을 갖지 않을 수 있을까요?

물론 자신을 남과 비교하지 않아야 가장 좋지만 그게 어디 말처럼 쉬운가요? 그렇다면 남과 비교하더라도 우울해하거나 상처받지 말고 자신을 있는 그대로 봐 주면 돼요. 이렇게 해 보면 어떨까요? 없는 것을 달라고 떼쓰지 말고, 나에게 있는 것을 발견해 보는 거예요.

나에게 없지만 남에게 있는 것을 부러워하지 말고, 나에게 있는 것을 알아차리면 됩니다. '나에게는 늘 칭찬해 주는 아버지가 있어.', '맛있는 냄새를 맡을 수 있는 코가 있어.' 이런 것도 좋아요. 내가 가진 좋은 점들을 하나하나 세어 보면 마음이 저절로 행복해질 거예요. 나도 가진 것이 꽤 많다는 사실을 알 수 있을 겁니다.

그게 비록 이상하거나 변변치 않은 것일지라도 여러분 자신만이 가지고 있는 것이니까요. 그러니 자신이 가진 것을 사랑해야 합니다. 다른 사람들은 여러분만이 가진 것들을 부러워할 테니까요.

분할 때는 어떻게 해요?

어떻게 그럴 수 있어어어어!

6단계
철학으로 매일 기분 좋게!(철학을 알맞게 이용하자)

세상에는 납득할 수 없는 일이 많아요. 모든 일이 내 생각대로 되는 것은 아니니까요. 그렇다면 받아들일 수밖에 없지 않을까요? 그럼 분하고 속상할 일도 없을 테니까요.

어머! 미안하구나. 엄마가 먹어 버렸어.

더 깊이 생각하기

화나고 속상한 일은 받아들이는 게 최고

시합에서 최선을 다했지만 결국 지거나, 아무 잘못도 안 했는데 꾸중을 들으면 억울하고 속상합니다. 도무지 납득할 수 없지만 어떻게 할 방법도 없을 때, 우리는 분하고 성이 잔뜩 납니다.

하지만 화를 낸다고 해서 달라지는 건 없어요. 그랬다면 처음부터 화가 나지도 않았을 테니까요. 결국 납득할 수 없는 일을 겪어 잔뜩 화가 오른다 해도, 그 일을 잠자코 인정할 수밖에 없어요. 세상은 그런 거라고 체념하고 받아들이지요.

생각해 보면 세상에는 무수히 많은 사람이 있고, 사람이 어찌할 수 없는 자연 현상이 일어나요. 내 뜻대로 할 수 없는 일들로 가득 차 있지요. 그런 세상에서는 무슨 일이든 내 생각대로 이루

6단계
철학으로 매일 기분 좋게!(철학을 알맞게 이용하자)

어진다면 그건 오히려 기적이에요. 그래서 나는 하루도 빼놓지 않고 납득할 수 없는 일들만 일어날 거라고 믿어요.

그렇게 생각하면 실제로 납득할 수 없는 일이 일어나도 딱히 억울하거나 화나지는 않아요. 기쁘지도 않지만요. 그저 받아들일 수밖에 없다고 생각할 뿐이에요.

이런 마음가짐으로 살면 장점도 있어요. 살다가 가끔은 내가 원하던 일도 일어나잖아요? 그럴 때면 왠지 행운이 찾아온 것 같아서 기분이 좋아요. 기껏해야 열 번에 한 번 꼴이지만요. 삶에서 열에 아홉을 화난 날들로 채우고 싶지 않다면, 여러분도 하루빨리 나처럼 생각해 보세요.

나도 화난 일에 대해 너그러운 태도를 갖게 된 때는 어른이 되고 나서부터예요. 조급하게 생각하지 않아도 돼요. 화내고 억울해 하는 것은 어린이의 특권이니까요.

슬플 때는 어떻게 해요?

6단계
철학으로 매일 기분 좋게!(철학을 알맞게 이용하자)

슬프지가 않아

슬플 때, 왠지 모르지만 우리는 강한 척하게 돼요. 기쁠 때는 솔직하게 웃는데, 슬플 때는 자신에게 솔직해지지 못해요. 하지만 참는 건 좋지 않아요. 슬픔을 받아들이는 마음을 가져야 해요.

> 더 깊이
> 생각하기

슬플 때는
자신을
꼭 안아준다

슬플 때는 슬퍼하는 자신을 인정하고 받아들이는 마음이 중요해요. 애써 슬프지 않다고 여기거나, 슬픈 마음을 숨기려 하면 안 됩니다. 아니, 너무 슬플 때는 일단 마음을 숨겨서 피하는 것도 괜찮아요. 무너져 내린 마음에 깔려 허덕이는 것보다 나을 테니까요.

하지만 그렇게 피한다고 해서 문제가 해결되지는 않아요. 문제의 원인은 그대로 둔 채로 언제까지나 피해 다닐 수는 없으니까

6단계
철학으로 매일 기분 좋게!(철학을 알맞게 이용하자)

요. 그러면 아직 해결하지 못한 슬픔이 신경 쓰일 뿐더러, 애써 무시하려 해도 그 슬픔이 무의식을 통해 몸을 아프게 하기도 하거든요.

그렇기 때문에 슬픔이 조금 가라앉으면 그걸 받아들여야 해요. 슬픔을 받아들인다는 것은 그저 나를 꼭 안아주는 거라고 생각하면 돼요. 엄청 슬플 때 엄마나 아빠가 여러분을 꼭 안아 준 적이 있죠? 그러면 왠지 슬픔이 사라지는 것 같지 않았나요?

그건 엄마와 아빠가 여러분의 슬픔을 빨아들였기 때문이에요. 뜨거운 손을 차가운 물체에 대고 있으면 열이 빠져나가는 것이 느껴지죠? 마찬가지예요. 엄마와 아빠는 강하니까 여러분의 슬픔을 빨아들여도 아무렇지 않아요.

하지만 여러분이 더 자라면 그러기는 쉽지 않아요. 그때는 슬픔에 빠진 여러분을 안아 줄 사람이 곁에 없을 수도 있고, 슬픔이 너무 커서 다른 사람이 빨아들이기 어려울지도 몰라요. 그래서 여러분은 스스로를 안아 주고 슬픔을 빨아들일 수 있어야 합니다. 모두들 그렇게 어른이 되어 가는 게 아닐까요. 누군가의 슬픔을 빨아들일 수 있는 어른으로 말입니다.

화가 날 때는 어떻게 해요?

6단계
철학으로 매일 기분 좋게!(철학을 알맞게 이용하자)

마구 때려 주고 싶어

우리는 화가 나서 마구 때려 주고 싶어도 꾹 참아요. 하지만 화나는 감정을 참지 않아도 돼요. 화내는 방법을 바꾸는 거예요. 문제를 해결할 수 있는 방법을 깊이 생각하고 행동하는 게 최고랍니다.

> 더 깊이
> 생각하기

화를 잘 내는
한 가지 방법

　흔히 화를 내면 안 된다고 생각하지만 꼭 그렇지는 않습니다. 화내는 것도 자연스러운 일이니까요. 인간을 비롯해 모든 동물이 화를 내는 건 살아남기 위해서예요. 말하자면 본능이죠.
　그렇다고 해서 화를 낼 때 사람을 물어뜯거나 마구 소리를 지르면 안 돼요. 그런 행동은 진짜 동물이나 하는 짓이니까요. 사람이 그런 행동을 하면 다른 사람에게 민폐가 되거니와 자신도 손

6단계
철학으로 매일 기분 좋게!(철학을 알맞게 이용하자)

해를 보게 됩니다. 화를 내더라도 잘 내는 방법을 알아 두면 도움이 될 거예요.

다행히도 인간은 다른 동물과 달리 '이성'을 가지고 있어요. 인간은 그 이성 덕분에 분노를 조절할 수 있지요. 예를 들어, 화가 난다고 눈앞에 있는 사람을 후려치면 어떻게 될까요? 만일 그 사람이 다치기라도 한다면 꼼짝없이 치료비를 물어 주어야 합니다.

그런 결과를 예상하고 자제할 수 있는 능력이 바로 이성입니다. 화가 나면 남을 때리지 말고, 눈앞에 있는 쿠션이라도 잡아당겨 보세요. 그럼 속이 후련해질 테고, 아무도 다치지 않고, 아무것도 망가지지 않아요. 그래도 해결되지 않을 것 같다면, 어떻게 해야 문제를 해결할 수 있을지 생각해 보세요.

대부분 문제 해결의 첫 단추는 자기 의사를 정확한 말로 전달하는 것부터 시작합니다. 그러니 상대방에게 명확한 말을 건네도록 합니다. 알겠죠? 화가 났을 때는 에너지를 써서 생각을 하고, 문제를 해결하기 위해 행동하는 거예요. 이것이 인간으로서 화를 내는 가장 좋은 방법이라고 생각합니다. 잔뜩 열이 올라 있는데 차분히 생각하는 게 어렵다면 심호흡을 한번 해 봐요. 흐읍, 후우. 그렇게 잠시 쉬었다가 다시 생각하는 거지요.

마음이 지칠 때는 어떻게 해요?

마음아,
네 마음은
어때?

6단계
철학으로 매일 기분 좋게!(철학을 알맞게 이용하자)

편안한 곳에서
푹 쉬고 싶어

마음이 지쳤을 때는 느긋하게 쉬는 게 최고예요. 그런데 계속 집 안에서만 지냈기 때문에 마음이 지친 사람도 있을 거예요. 그럴 때는 집 바깥에 나가 활기차게 움직여야 좋겠죠? 어떻게 하고 싶은지, 마음의 소리를 들어 보는 것도 중요해요.

> 더 깊이
> 생각하기

마음이 지치면 마음의 소리를 들어 주자

    마음도 몸처럼 지칠 때가 있어요. 그래서 마음을 쉬게 해 주어야 하는 거지요. 그런데 어떻게 해야 마음이 쉴까요? 마음이란 게 대체 어디에 있는지도 모르는데 말이지요.

    아마 마음은 머릿속에 있겠지요? 그러면 잠을 자면 마음이 편안히 쉬는 걸까요? 꼭 그렇지도 않아요. 머리는 잠자는 동안에도 일을 하니까요. 그래서 꿈을 꾸는 거예요. 마음이 힘들 때는 꿈에서도 힘든 일이 나타나거나 가위에 눌리기도 해요.

    그럼 어떻게 하면 될까요? 무엇을 해야 마음이 정말로 편안해

6단계
철학으로 매일 기분 좋게!(철학을 알맞게 이용하자)

질 수 있을까요? 그건 사람에 따라 다르고, 마음이 지친 원인에 따라 다릅니다. 여러분이 친구와 싸워서 마음이 힘들다면, 일단은 그 친구와 거리를 두는 게 좋겠지요? 화해는 그렇게 마음을 편히 쉬게 한 다음에 하면 되니까요.

공부나 동아리 활동을 지나치게 열심히 해서 마음이 지쳤다면, 그런 일들을 잠시 멈추는 것도 좋아요. 바닷가에서 파도 소리를 들으며 느긋한 시간을 보내도 너무 좋겠어요.

중요한 것은 마음을 지치게 한 원인으로부터 거리를 두는 거예요. 우선 마음이 왜 지쳤는지 알아내야 해요. 마음의 소리에 귀를 잘 기울이는 거지요. 무턱대고 쉬기만 해서는 아무것도 해결되지 않을 수도 있으니까요.

반대로 너무 많이 쉬어서 마음이 지치는 경우도 있어요. 그럴 때는 활기차게 움직이는 게 좋아요. 마음은 눈에 보이지 않으니까 마음에서 우러나오는 소리를 주의 깊게 들어야 해요.

심심할 때는 어떻게 해요?

하품이 멈추지 않는다

6단계
철학으로 매일 기분 좋게!(철학을 알맞게 이용하자)

하품이 계속 나올 정도로 재미없는 일이 있어요. 재미없다는 건 자신이 재미없다고 생각하기 때문이겠죠? 그렇다면 재미있다고 생각하면 돼요. 그건 할 수 있지 않을까요? 생각은 자기 하기 나름이니까요.

> 더 깊이 생각하기

심심할 때는 일부러 적극적으로 행동하자

　나는 심심한 상황이 정말로 견디기 힘들어요. 여러분도 그런가요? 전혀 흥미가 없는 긴 이야기를 억지로 들어야 할 때는 자꾸 졸려요. 하품이 멈추지 않고, 금세 고개를 꾸벅거리지요.

　하지만 이야기가 아무리 지겨워도 견뎌야 하는 경우가 있어요. 예컨대 교장 선생님의 훈화 시간에 졸면 큰일 나요. 말씀이 아무리 길어져도, 아무리 따분해도 말이지요. 그럴 때는 허벅지를 꼬집어도, 입술을 깨물어도 졸음이 달아나지 않아요.

　그렇다면 발상을 전환할 필요가 있어요. 그게 무엇이든지 따분하다는 느낌이 드는 순간 재빨리 이것은 재미있다고 되뇌는 거예요. 아무리 지겨운 이야기라도 재미있어지도록 듣는 거지요. 나는 이 방법을 곧잘 쓴답니다.

6단계
철학으로 매일 기분 좋게!(철학을 알맞게 이용하자)

따지고 보면 어떤 이야기에서도 재미를 찾을 수 있어요. 그 이야기에 영 흥미가 없기 때문에 따분해지는 거예요. 따분할 것 같은 이야기에도 흥미를 가진다면 신기하게도 이야기가 재미있어져요.

어떻게 해야 흥미를 가질 수 있을까요? 무엇이든 새로운 이야기를 아는 것은 즐거운 일이니까 지겨운 이야기에서도 무언가를 배우려고 귀를 쫑긋해 봐요. 혹시 이미 알고 있는 내용뿐이라면 그 이야기에서 내 생각과 다른 점을 찾아봐도 좋고요.

그래도 안 된다고요? 마지막 방법을 쓸 때입니다. 이야기하는 사람한테 던질 질문을 생각해 보는 거예요. 질문거리를 만들려면 상대방이 하는 말을 집중해서 듣고 이해가 안 되는 내용이나 더 궁금한 내용, 여러분 생각과 다른 내용이 어느 부분인지 잘 생각하며 들어야겠죠? 그렇게 적극적으로 듣다 보면 어느새 따분함은 사라질 거예요. 아무리 이야기가 지겨워도 질문을 만드는 것은 재미있으니까요. 그러면 이야기를 즐길 수 있는 거예요!

이런 요령들은 꼭 이야기를 들을 때만 쓸 수 있는 것은 아니에요. 앞서 말한 대로 적극적인 태도를 가지면 뭐든 재미있게 할 수 있어요. 꼭 시도해 보세요!

성장한다는 게 뮈예요?

몸은
다 자랐는데…

6단계
철학으로 매일 기분 좋게!(철학을 알맞게 이용하자)

인간은 성장하는 동물이에요. 몸만 자라는 게 아니라 정신적으로나 인간적으로도 성장한다고 하지요. 그게 무슨 의미일까요? 어린 아이처럼 투정부리지 말라는 걸까요?

> 더 깊이
> 생각하기

성장이란
자기중심적인 자세에서
벗어나는 것

    성장했다는 말을 들으면 기쁘지 않나요? 스스로는 잘 알아차리지 못해도, 어느 순간 성장이 느껴지는 경우가 있어요. 전에 하지 못했던 일을 할 수 있거나 기록이 좋아졌을 때요.

    몸이 자랐다는 의미의 성장이라면 금세 알아차릴 수 있어요. 하지만 성장이란 말은 정신적으로 혹은 인간적으로 이전보다 더 나아졌다는 의미로도 많이 사용해요. 어쩐지 알쏭달쏭하지요?

    성장이란 이전보다 커졌거나 진보한 경우를 의미하지만 정신을 두고서 '커졌다'고 하지는 않으니까요. 진보한다는 것이 무엇

6단계
철학으로 매일 기분 좋게!(철학을 알맞게 이용하자)

인지는 어렴풋이 알 것 같아요. 하지만 인간적으로 한 걸음 나아간다는 것, 곧 진보한다는 것은 의미가 조금 복잡해요.

구체적으로 어떤 때에 성장했다는 말을 듣나요? 친구와 싸운 뒤에 내 잘못을 인정하고 사과했거나 가지고 싶은 물건을 동생에게 양보했거나, 그럴 때 성장했다는 말을 듣지 않나요?

여기서 공통적인 점을 추려 봐요. 바로 자기중심적인 태도를 넘어 다른 사람의 입장도 헤아릴 줄 알게 되었다는 점이에요. 정신, 그러니까 마음의 크기가 커져서 인간적으로 한 뼘 더 진보한 것이지요. 이렇게 한층 넓은 관점으로 생각할 수 있게 되는 것이 성장이에요.

어른이 된다는 게 뭐예요?

어른이 다 된 것 같은데…

6단계
철학으로 매일 기분 좋게!(철학을 알맞게 이용하자)

어른이 된다는 건 뭘까요? 나이를 먹었다고 어른은 아닌 것 같아요. 어린이 중에서도 어른스러운 어린이가 있고, 어른 중에서도 어린이 같은 어른이 있으니까요. 어른들은 이 세상을 지탱하고 있어요. 그러니 나도 그렇게 되면 어른이라고 할 수 있을지도 모르겠군요.

어린이는
일찍
자렴~

> 더 깊이
> 생각하기

어른은
더 넓게, 더 많이
신경 쓸 수 있는 사람

어른이 된다는 건 성장과 같은 의미일까요? 어린이가 성장하면 어른이 되니까요. 하지만 그 외에 다른 의미도 있을 것 같군요. 어른이란 어떤 사람일까요? 어린이와 반대로 어른은 일을 하여 가족을 부양하고, 사회를 지탱해요. 선거 때 투표도 하고요.

이런 일들은 모두가 세상을 좋은 방향으로 꾸려 나가기 위한 활동이에요. 그렇다면 어른이 된다는 것은 세상에 대해 생각할 수 있게 된다는 의미가 아닐까요? 자, 이제 그 세상이란 무엇인지 따져 보아야겠군요.

6단계
철학으로 매일 기분 좋게! (철학을 알맞게 이용하자)

내 경험으로 말하자면 세상은 우리가 풀어야 할 문제들로 넘쳐 나는 곳이에요. 어른들은 그 문제들을 신경 쓰고 앞장서서 해결하는 사람들이고요. 우리 어린이들이 불안해하지 않도록 말이죠.

이야, 좀 멋있나요? 이런 말을 하니까 어른 같죠? 앗, 이런 말투는 어른스럽지 않다고요? 아무튼 세상과 세상에서 벌어지는 문제들을 폭넓게 생각할 수 있는 사람을 어른이라고 보면 돼요. 그렇기 때문에 어른이 되기 위해서는 세상에 대해 잘 알아야 하고요.

뉴스와 신문 기사를 보는 것은 물론이고, 일상의 잡다한 문제에 대해서도 사람들과 함께 의견을 나누어야 하지요. 자기 자신만 신경 쓰지 말고요.

'어른'이란 표현은 그렇게 '더 넓게 생각하고, 더 많이 신경 쓸 수 있는 사람'이라는 의미가 아닐까요?

인생을 즐기고 싶어요?

나는 타잔이다!

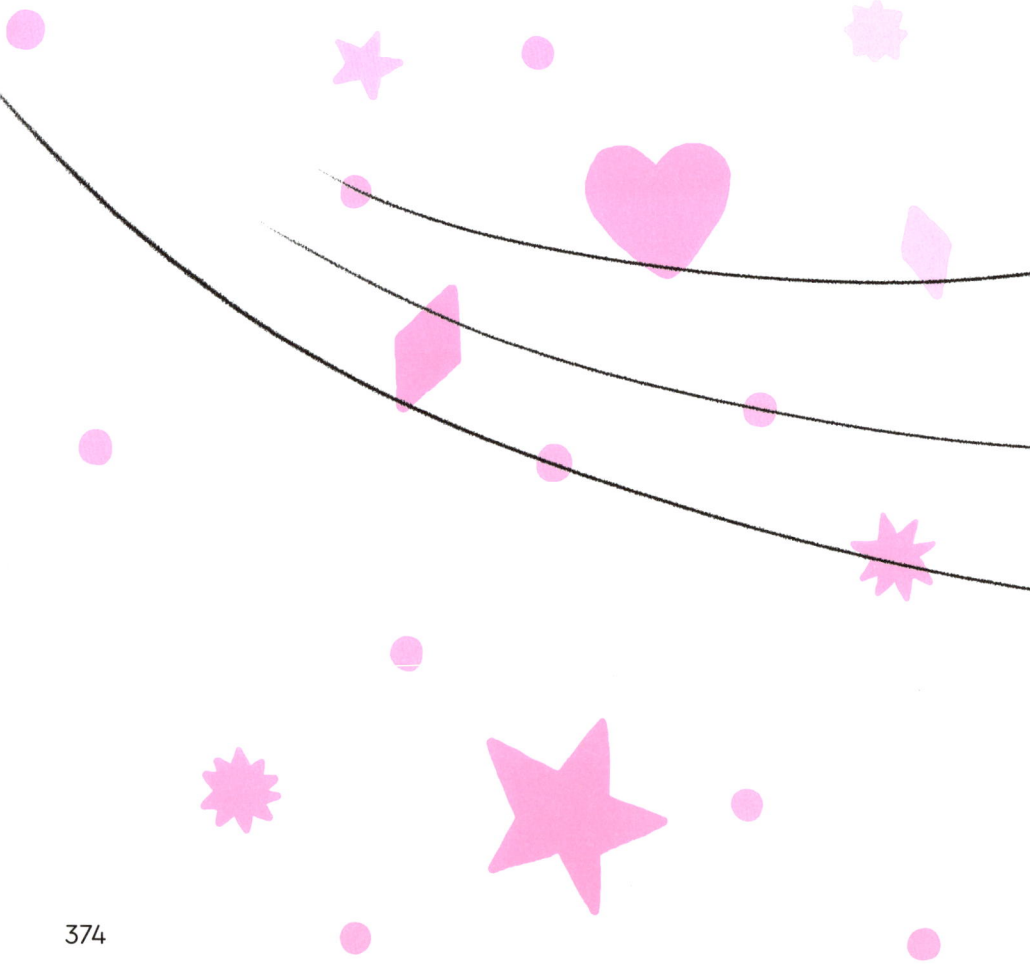

6단계
철학으로 매일 기분 좋게!(철학을 알맞게 이용하자)

타잔처럼 자연 속에서 모험을 하며 산다면 매일매일이 두근두근 설렐 거예요. 그렇게 하루하루를 보낸다면 인생이 즐겁겠지요. 그런데 모험은 자연 속에서만 하는 게 아니에요. 집 안에서도 할 수 있어요. 늘 새로운 일에 도전한다면 말이지요.

> 더 깊이
> 생각하기

매일 모험을 떠나
인생을 즐긴다

    인생을 즐기기 위해서는 매일 모험을 떠나야 합니다. 모험을 하면 가슴이 두근두근 설레니까요. 집 밖을 나가 낯선 곳에서 신기한 것을 만나고, 감동하고, 때로는 조마조마해하며 무서운 경험도 하고요. '매일'이라는 것을 잊으면 안 돼요. 하루가 다 지나기 전에는 꼭 집에 돌아와야 하는 거예요.

    그러지 않으면 자칫 위험한 상황에 처해서 영영 집에 돌아오지 못할 수 있으니까요. 여기서 말하려는 모험은 멀리 떠나는 진짜

6단계
철학으로 매일 기분 좋게!(철학을 알맞게 이용하자)

모험이 아니라 집에서도 할 수 있는 모험이에요. 그동안 읽어 보지 못했던 책을 읽는다거나 새로운 경험에 도전하는 거요.

그런 것이 바로 모험이에요. 반대로 매일 같은 일이 되풀이된다면 어떨까요? 인생이 너무 따분하지 않을까요? 모험을 하면 따분한 기분을 날려 버릴 수 있어요.

그러려면 모험이 마냥 즐겁기만 해서는 안 되겠지요. 두근두근하고, 때로는 조마조마하고 아슬아슬한 순간도 있어야겠죠? 롤러코스터처럼 급강하하거나 엄청난 속도로 휙휙 돌기도 하는 거예요. 갑자기 벼랑에서 떨어졌나 싶으면, 호수 안에 빠져서 구조되기도 하고, 타잔처럼 식물 덩굴을 붙잡고 휙휙 날아다니기도 하고.

심장이 요동치며 불안하다가도 가끔은 편안히 마음을 놓기도 하고, 그러다 진한 감동에 빠지기도 하는 것이 모험입니다. 인생이라는 이름의 모험도 마찬가지라고 생각해요. 그러니 괴로운 일을 만나도 인생을 즐기기 위한 모험을 하는 중이라고 생각하면 어떨까요?

철학으로 하루하루를 살아간다고요?

오늘은 무엇에 대해
생각해 볼까…

엄마의
어릴 사진을
봤더니…

6단계
철학으로 매일 기분 좋게!(철학을 알맞게 이용하자)

내겐 엄마인데, 엄마는 아직 엄마가 아니었던 날들도 많았구나.

철학이란 자신이 경험하는 세계의 의미를 바꾸는 것이에요. 그렇기 때문에 철학을 하면 나에게 주어진 세계가 매일 다른 의미로 다가옵니다. 나의 세계가 더욱 풍부해지지요. 가슴 설레지 않나요?

그럼 아빠도 그렇고, 할머니랑 할아버지도 그렇겠네! 우와, 재미있다.

더 깊이 생각하기

철학으로 매일 새로운 세계를 만난다

생각을 통해 세계를 보는 관점을 새로이 하는 활동이 바로 철학입니다. 그럼, 늘 보내는 일상 속에서 철학을 실천하면 우리는 어떻게 바뀔까요? 세계를 보는 눈이 매일 달라질 거예요. 생각이 매일 바뀐다는 것이 아니라 다양한 생각이 쌓여 세상을 보는 눈이 늘 새로워진다는 의미예요.

이를테면 오늘은 가방에 대해 철학 한다고 해 볼까요? 그러면 내가 생각하는 가방의 의미가 조금 달라질 거예요. 지금까지 가방이라고 하면 단지 물건을 넣어 들고 다닐 수 있게 만든 주머니라고 생각했지만 더 이상 그렇지 않게 됩니다. 내 생각에 가방은 '다 가질 수 없는 자기 자신'이에요. 내가 원하는 나로 살기 위해

6단계
철학으로 매일 기분 좋게!(철학을 알맞게 이용하자)

서는 가져야 할 것이 많아요. 하지만 그것들을 전부 몸에 지닐 수는 없기 때문에 가방이 필요하지요.

그렇게 생각하자 가방이 얼마나 귀하게 여겨지던지요. 다음 날 나에게 더 잘 어울리는 가방을 사러 나가기까지 했었답니다. 이런 식으로 매일 무언가에 대해 철학을 하면 자신이 겪는 세계도 매일 조금씩 달라집니다. 달리 말하면 세계의 의미가 깊어지고 더욱 풍부해지지요.

앞에서 말한 가방처럼 어느 물건이나 문제를 놓고 며칠씩 생각하는 것도 좋아요. 그러다 보면 그 의미가 나날이 새로워질 테니까요. 그리고 받아들일 수 있는 답을 얻으면 거기서 멈추고 쉬어 줍니다. 다시 머리를 써서 생각할 일이 또 생길지도 모르니까요.

어쩌면 세상에 존재하는 그 어떤 것에 대해서도 생각에 생각을 거듭해 볼 수 있어요. 이렇게 우리는 우리 앞에 놓인 세계를 매일 새롭게 만들어갑니다. 그러다 보면 우리가 살아가는 하루하루는 더욱 좋아지지요. 그것이 바로 철학을 삶에 활용하고 철학으로 하루하루를 보낸다는 것 아닐까요? 철학을 하는 목적은 나를 둘러싼 세계를 더욱 좋아지게 만드는 거니까요.

왜, 왜를 생각할까?

철학은 곧 질문하는 거예요. 질문에 대한 답을 구하면 철학도 끝나는 걸까요? 그렇다면 언젠가 철학은 끝나겠죠? 하지만 이 세상에 대한 궁금증이 사라지지 않는 이상, 끝임없이 질문해야 해요. 아니, 계속 질문하고 싶군요.

6단계
철학으로 매일 기분 좋게!(철학을 알맞게 이용하자)

철학에 끝이 있어요?

왜

어째서

> 더 깊이
> 생각하기

철학은
묻는 학문이 아니라
계속 묻는 학문

철학은 질문을 던지는 학문이에요. 질문이라면 언제까지나 할 수 있지요. 그래서 철학에는 끝이 없어요. 물음이 사라지는 일은 없으니까요. 무언가를 더 이상 질문할 필요가 없을 때는 세상 모든 것에 대해 호기심도 풀렸고 궁금증도 사라졌을 터이므로, 개인에게도 사회에도 아무 문제가 없을 거예요. 하지만 그런 상태를 상상할 수 있나요?

이건 어때요? 문제가 있어도 더는 묻지 말자고 약속한다면 철학은 그대로 끝이 날 거예요. 하지만 이런 경우도 상상할 수 없어요. 설령 그런 법을 만들었다 해도, 궁금증을 멈춰야 한다고 강요

6단계
철학으로 매일 기분 좋게!(철학을 알맞게 이용하자)

해도 멈출 수 있나요? 공공연히 질문을 던지지는 못하겠지만 사람들은 어딘가에 숨어서라도 묻고 따지려 할 거예요.

왜 그럴까요? 질문은 인간의 본능이며, 멈출 수 없는 정신 활동이기 때문이에요. 역사를 돌이켜 보면 특정 종교를 믿지 못하게 금지하거나, 지배자를 비난하거나 비판하는 글을 쓰면 잡혀가는 시대도 있었어요. 그런 사례는 세계 어느 나라에서도 찾아볼 수 있었어요.

하지만 사람들은 숨어서 종교를 믿었고, 숨어서 지배자를 끊임없이 비판해 왔어요. 그와 마찬가지로 사람은 살아 있는 동안 계속 질문할 겁니다. 이 세상은 온통 문제들로 가득 차 있으며, 질문을 함으로써 더 나은 삶을 살 수 있다고 생각하니까요.

철학이 내놓은 답은 더 이상 반박할 수 없을 정도로 완전하고 완벽한 최종의 답이냐는 말을 듣곤 합니다. 그렇지 않아요. 열심히 생각해서 좋은 답을 내놓은 순간, 새로운 질문이 생기기 때문이지요. 그러니 그런 답은 기껏해야 그 순간에 낼 수 있는 최고의 답일 뿐이에요. 가장 완벽해서 더 이상 다른 답이 나올 수 없는 최종의 답이 나온다면 철학은 끝나 버립니다. 철학은 그저 묻는 학문이 아니라, '계속' 묻는 학문이라는 점에 의미가 있지요.

> 마치며

이제는 여러분도 철학자

여러분, 이 철학 책은 어땠나요? 아마 대부분은 인생에서 처음 만나는 철학 책이 아닐까 싶습니다. 만약 그렇다면 여러분은 아주 행운이군요. 으음, 내 입으로 말하는 것도 조금 민망하지만 이렇게 훌륭한 철학 책은 또 없으니까요.

이 책에서는 많은 질문을 던지고, 그 질문들에 대해 생각하게 합니다. 답은 있지만 분명하게 답을 제시해 주지 않지요. 질문을 할 것, 생각하게 할 것, 답은 어디까지나 힌트에 지나지 않을 것. 다시 말해 철학을 배우는 데 이상적인 조건을 이 책은 전부 갖추고 있어요.

이 책을 통해 여러분은 스스로 생각할 수 있게 됐을 거예요. 그리고 지금도 계속 생각하고 있을 거고요. 어때요, 그렇지 않나요?

독자를 철학자로 만드는 것이 철학 책의 역할이 아닐까 싶습니다. 그런 역할을 하기 위해서는 독자로 하여금 생각하게 하는 아이디어가 필요하지요. 그래서 여러분 중에는 분명한 답을 알려주지 않는 이 책에 불만스러워하는 사람이 있을 수도 있어요.

하지만 답을 제시하는 건 의미가 없습니다. 질문이 있고, 분명한 답이 나와 있다면, 그건 퀴즈 책이나 다름없을 테니까요. 퀴즈 책을 수십 권 읽는다고 철학자가 될 수는 없어요. 여기서 말하는 철학자는 직업인으로서의 철학자가 아니에요. 제대로 철학을 할 수 있는 사람, 늘 사물의 본질을 생각할 수 있는 사람이지요.

이 책을 읽은 모든 이들이 꼭 그런 철학자가 될 거라고 믿어요. 우리의 삶은 온갖 어려운 문제에 둘러싸여 있지만 철학을 하면 분명 극복할 수 있을 것입니다. 그러니 여러분 힘내세요!

여러분보다 조금 먼저 철학자가 된
오가와 히토시 드림

고향옥 옮김

대학과 대학원에서 일본 문학을 전공하고 나고야 대학에서 일본어와 일본 문화를 공부했습니다. 한일아동문학연구회에서 두 나라의 어린이·청소년 문학을 연구하고 있으며, 『러브레터야, 부탁해』로 2016년 국제아동청소년도서협의회 아너리스트 번역 부문에 선정되었습니다. 『이게 정말 사과일까?』, 『심심해 심심해』, 『실패 도감』, 『열 살, 마음이 강해지는 철학자의 말』 등을 우리말로 옮겼습니다.

서정욱 감수

계명대학교 철학과를 졸업하고 독일 하이델베르크대학교에서 철학 박사학위를 받았습니다. 현재는 배재대학교 명예교수를 맡고 있으며, 어린이와 청소년, 일반 대중을 위한 철학 도서를 집필하고 있습니다. 지은 책으로 『플라톤이 들려주는 이데아 이야기』, 『소크라테스, 구름 위에 오르다』, 『이런 철학이라면 방황하지 않았을 텐데』, 『만화로 보는 3분 철학1~3』 등을 집필하였습니다.

당당한 질문으로 단단한 나를 만드는 86가지 생각 도구

어린이를 위한 철학의 쓸모

초판 발행 2023년 1월 16일
초판 3쇄 발행 2024년 2월 8일

글 오가와 히토시 | **그림** 하야시 유미 | **옮긴이** 고향옥 | **감수** 서정욱
발행인 이종원 | **발행처** 길벗스쿨 | **출판사 등록일** 2006년 6월 16일 | **주소** 서울시 마포구 월드컵로 10길 56(서교동)
대표전화 (02)332-0931 | **팩스** (02)323-0586 | **홈페이지** school.gilbut.co.kr | **이메일** gilbut@gilbut.co.kr
기획 및 책임편집 박수선 | **제작** 이준호, 손일순, 이진혁, 김우식
마케팅 송예슬 | **영업유통** 진창섭 | **영업관리** 정경화 | **독자지원** 윤정아
디자인 미르 | **CTP 출력 및 인쇄** 상지사피앤비 | **제본** 상지사피앤비

* 잘못 만든 책은 구입한 서점에서 바꿔 드립니다.
* 이 책은 저작권법에 따라 보호받는 저작물이므로 무단전재와 무단복제를 금합니다.
  이 책의 전부 또는 일부를 이용하려면 반드시 사전에 저작권자와 길벗스쿨의 서면 동의를 받아야 합니다.

ISBN 979-11-6406-486-1 (73170)
(길벗스쿨 도서번호 200351)

제 품 명 : 어린이를 위한 철학의 쓸모	주　소 : 서울시 마포구 월드컵로 10길 56 (서교동)
제조사명 : 길벗스쿨	전화번호 : 02-332-0931
제조국명 : 대한민국	제조년월 : 판권에 별도 표기
사용연령 : 8세 이상	KC마크는 이 제품이 공통안전기준에 적합하였음을 의미합니다.

독자의 1초를 아껴주는 정성 길벗출판사

길벗 IT실용서, IT/일반 수험서, IT전문서, 경제실용서, 취미실용서, 건강실용서, 자녀교육서
더퀘스트 인문교양서, 비즈니스서
길벗이지톡 어학단행본, 어학수험서
길벗스쿨 국어학습서, 수학학습서, 유아학습서, 어학학습서, 어린이교양서, 교과서